Hardanger Embroidery

［新装版］

すてきなハーダンガー刺しゅう

竹内博子

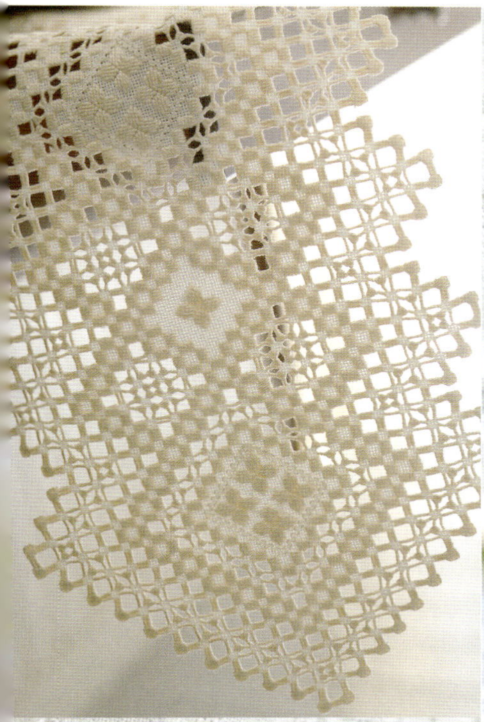

Contents

刺繍小物と暮らす毎日…p.4
柄の繰り返しを楽しむ…p.10
小さな刺繍で寛ぎの時間を…p.16
様々なパターンを楽しむ…p.24
手づくりで迎えるクリスマス…p.34
繊細なディテールに憧れて…p.38
始める前に…p.46
かがりのいろいろ…p.52
作品の作り方…p.59

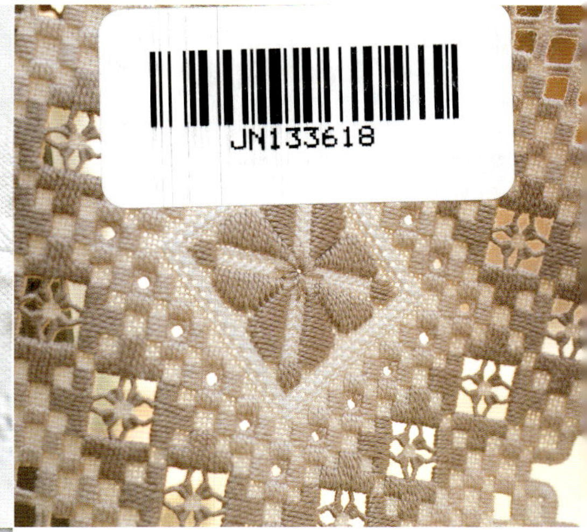

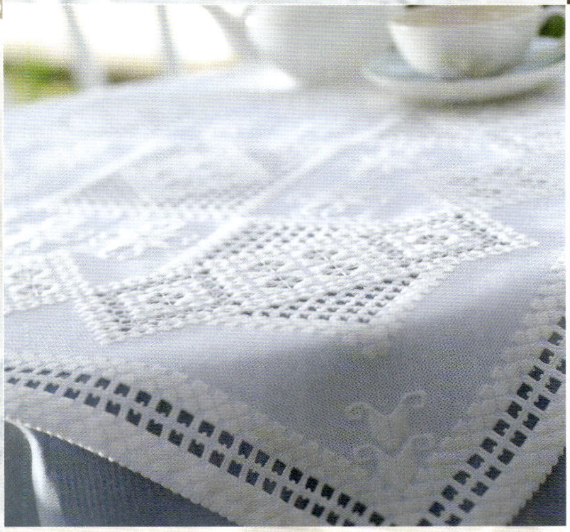

Staff
作品デザイン／竹内博子
ブックデザイン／寺山文恵
撮影／山本正樹　鈴木信雄（プロセスページ）
スタイリング／岡本礼子
トレース／まつもとゆみこ
編集協力／小林美穂
編集／村上雅子（エヌ・ヴィ企画）
新装版担当／西津美緒

製作協力（五十音順）
秋元ツヤ子、吾妻玲子、石川圭子、今関まち子
梶田玖美子、加藤春江、川口洋子、黒田毬子
小林八千代、竹内恭子、仲井充子、松山静子

HOT LINE ホットライン

この本に関するご質問は、お電話またはWEBで
書名／［新装版］すてきなハーダンガー刺しゅう
本のコード／70524
担当／西津美緒
Tel.03-3383-0634（平日13：00 ～17：00受付）
WEBサイト「日本ヴォーグ社の本」
https://book.nihonvogue.co.jp/
※サイト内「お問い合わせ」からお入りください（終日受付）。
※WEBでのお問い合わせはパソコン専用となります。

［新装版］すてきなハーダンガー刺しゅう
著者／竹内博子
発行日／2019年1月29日　第1刷
　　　　2025年4月 6 日　第2刷
発行人／瀬戸信昭
編集人／今ひろ子
発行所／株式会社 日本ヴォーグ社
〒164-8705　東京都中野区弥生町5-6-11
Tel.編集03-3383-0634
出版受注センター／ Tel.03-3383-0650　Fax.03-3383-0680
印刷所／共同印刷株式会社
Printed in Japan

©Hiroko Takeuchi 2019

NV70524　ISBN978-4-529-05873-5　C5077

・この本は「すてきなハーダンガー刺しゅう」（2007年刊／日本ヴォーグ社）を復刻のリクエストにおこたえして再出版したものです。
・この本に掲載の作品を、複製して販売（店頭、ネットオークション、バザーなど）することは禁止されています。個人で手づくりを楽しむためにのみご利用ください。

・本誌に掲載する著作物の複写に関わる複製、上映、譲渡、公衆送信（送信可能化を含む）の各権利は株式会社日本ヴォーグ社が管理の委託を受けています。
JCOPY（社）出版者著作権管理機構 委託出版物
・本誌の無断複写は著作権法上での例外を除き、禁じられています。複写される場合は、その都度事前に（社）出版者著作権管理機構（電話 03-3513-6969 FAX 03-3513-6979 e-mail:info@jcopy.or.jp）の許諾を得てください。
・充分に気をつけながら製本しておりますが、万一、乱丁本・落丁本がありましたらお買い求めの書店か小社販売部へお申し出ください。

・印刷の都合上、作品の色は実際と多少異なる場合があります。ご了承ください。

あなたに感謝しております　We are grateful.

手づくりの大好きなあなたが、この本をお選びくださいましてありがとうございます。
内容はいかがでしたでしょうか？　本書が少しでもお役に立てば、こんなにうれしいことはありません。
日本ヴォーグ社では、手づくりを愛する方とのおつき合いを大切にし、ご要望におこたえする商品、サービスの実現を常に目標としています。
小社及び出版物について、何かお気付きの点やご意見がございましたら、何なりとお申し出ください。
そういうあなたに私共は常に感謝しております。

株式会社日本ヴォーグ社社長　瀬戸信昭
FAX 03-3383-0602

刺繡小物と暮らす毎日

美しい刺繡の施された小物を普段使いに。
毎日、ささやかな贅沢が味わえます。

1 ［ティーセット］tea set
作り方／60ページ

寛ぎのティータイムの必需品、ティーコゼー、ナプキン、ランチョンマットのセットです。
◎サイズ：ティーコゼー18cm×51cm（外回り）、ナプキン40cm×40cm、ランチョンマット25cm×35cm

2 [テーブルセンター] table center
作り方／62ページ

ティーセットの柄を展開した八角形のセンター。
クロスを敷いて、爽やかな色のコーディネートを楽しみます。
◎サイズ：85cm × 85m

3 [テーブルセンター] table center
作り方／64ページ

手頃なサイズのセンターは、何枚あっても嬉しいもの。
柄の配置に凝って、個性的な1枚に仕上げました。
◎サイズ：37cm×78cm

4 ［カフェカーテン］ cafe curtain
作り方／66ページ

ハーダンガーならではの透け感が柔らかな光を通し、
気持ちの良い、美しい空間を作り出してくれます。
◎サイズ：54cm×90cm

5 [ナプキン] napkin
作り方／65ページ

清潔感のある真っ白なコングレスは、キッチンにぴったりの素材。
さっとかけただけで、周りまで明るくしてくれそうです。
◎サイズ：40cm × 40cm

6 ［テーブルセンター］ table center
作り方／68 ページ

白い布に白糸で刺繍。格子の糸抜き部分とスカラップの縁が、
ハーダンガーらしい清楚なデザインです。
◎サイズ：37cm × 62cm

柄の繰り返しを楽しむ

一つの柄でできる手頃なサイズのテーブルセンターと、同じ柄をくり返して大きく仕上げたセンターです。
少し慣れてきたら、ボリュームのある作品に挑戦してみませんか。

7 [テーブルセンター] table center
作り方／70ページ

生地の色とカウントを変えることで、同じ図案の展開に
変化をつけています。色糸の刺繍が新鮮です。
◎サイズ：大 37cm × 168cm、小 30cm × 38cm

8 ［テーブルセンター］ table center
作り方／72ページ

繊細なかがり部分がレース編みのよう。
大は白の布に生成りの糸、小は白い布に白い糸で刺しています。
◎サイズ：大 44cm × 95cm、小 36cm × 36m

Hardanger Embroidery

9 [テーブルセンターとクロス]
table center & table cloth
作り方／74ページ

クロスの柄は、センターの柄をそのまま使い、
周囲に中央の柄をアレンジして散らしています。
◎サイズ：テーブルセンター 80cm × 80cm、
テーブルクロス 136cm × 136m

小さな刺繡で寛ぎの時間を

ちょっとした達成感が味わえる、短時間で仕上がる小物。
大作の合間に、小さな刺繡で息抜きを。ビギナーにもお勧めです。

10 ［バッグ＆携帯ケース］*bag & pouch*
作り方／76ページ

お稽古にもぴったりな大きめバッグ。
すぐ迷子になる携帯は、ケースに入れてバッグの持ち手にぶら下げて。
◎サイズ：バッグ 32cm × 38cm、携帯ケース 11.5cm × 8cm

11 [巾着とティッシュ入れ] pouch & tissue case
作り方／78ページ

いくつあっても便利なセットです。
カラフルな布と糸で刺せるのも小物ならではの楽しみ。
◎サイズ：巾着 20cm × 18cm、ティッシュ入れ 9cm × 12cm

12 [ブックカバー] *book cover*
作り方／79ページ

大切な本をしっかり守ってくれる、頼もしい相棒です。
単行本サイズと、文庫本サイズがあります。
◎サイズ：大 21cm × 15cm、小 16cm × 11cm

Hardanger Embroidery

13 [ソーイングポーチ] sewing pouch
作り方／80ページ

小さな針刺しやシザーズキーパーをセットした携帯ポーチ。
持っているだけで刺繍上手になれそうです。
◎サイズ：16m×16cm

14 [テーブルセンター] *table center*
作り方／82ページ

かがり部分は白糸、ぷっくりとしたサテンステッチは
生成りで刺しています。対比が美しいセンターです。
◎サイズ：42cm × 42cm

15 ［コースター］ coaster
作り方／84ページ

小さな額に入ったサンプラーのようなコースター。
専用のケースに入れれば、汚れを気にせずに使えます。
◎サイズ：7cm × 7cm

Hardanger Embroidery

16 [ミニクッション] mini cushion
作り方／86ページ

淡いグリーンの生地に生成り1色で刺繍しています。
同柄のものを並べて置くと、双子みたいで可愛らしい。
◎サイズ：30cm × 30cm

17 [テーブルセンター] table center
作り方／86ページ

シンプルな柄にクールな色合わせ、
キリっとした美しさが引き立つデザインは、クッションと同柄です。
◎サイズ：29cm × 59cm

Hardanger Embroidery

様々なパターンを楽しむ

小さな柄の組み合わせで、無限のパターンが生まれます。
生地と糸の色合わせも考えながら、幾何学模様の様々な重なりを楽しんで下さい。

18 ［テーブルセンター］ table center
作り方／88ページ

ネップ入りのコングレスに、爽やかなブルーグレーの
濃淡3色を使って刺繍しています。
◎サイズ：42cm × 93cm

19 [テーブルセンター] table center
作り方／90ページ

大切に使いたい大判のテーブルセンター。
ピコットのついたかがりに、コーナーの柄が効いています。
◎サイズ：63cm × 63cm

20 [テーブルランナー] table runner
作り方／91 ページ

細長いランナーは、チェストにかけて端を垂らすと優雅。
ポイントは矢羽根柄のサテンステッチです。
◎サイズ：25cm × 136m

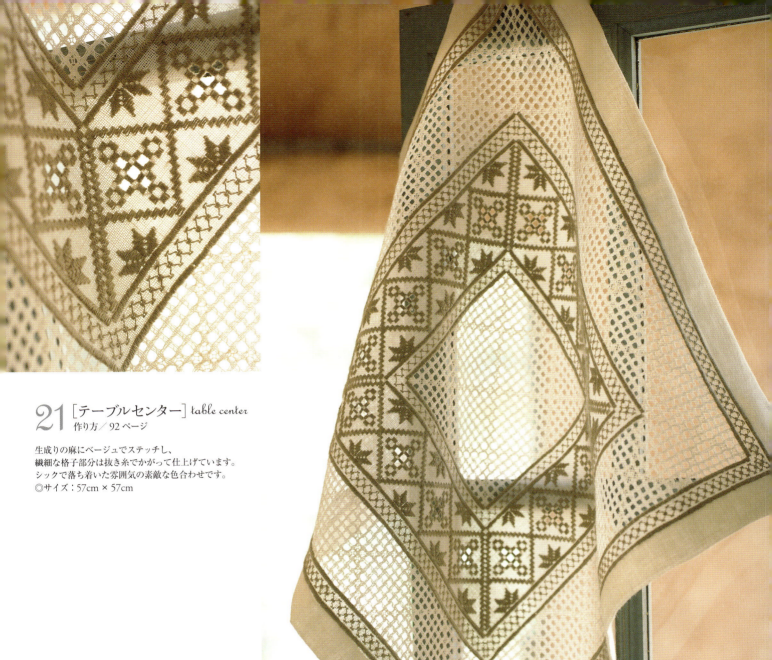

21 [テーブルセンター] table center
作り方／92ページ

生成りの麻にベージュでステッチし、
繊細な格子部分は抜き糸でかがって仕上げています。
シックで落ち着いた雰囲気の素敵な色合わせです。
◎サイズ：57cm × 57cm

22 ［クッション］cushion
作り方／93ページ

左はからし色、右はこげ茶と、透けるステッチを活かして、中袋の色とのコーディネートを楽しみます。
◎サイズ：39cm×39cm

23 ［テーブルセンター］table center
作り方／94ページ

細やかなディールに、愛らしいピンクの濃淡。
華やかで印象的なセンターです。
◎サイズ：42cm × 57cm

Hardanger Embroidery

24 [テーブルクロス] table cloth
作り方／96ページ

品の良いベージュの濃淡。矢羽根柄のサテンステッチに、
透かし部分はウーブンバーでかがります。
◎サイズ：72cm × 136cm

Hardanger Embroidery

手づくりで迎えるクリスマス

1年を通して行事はいろいろありますが、
クリスマスの準備はとても楽しいもの。
可愛らしい小物を用意して、素敵なひとときをお過ごし下さい。

25 [額] mini frame
作り方／81ページ

思い立ったら短時間で完成するのが、小さなものの楽しみ。
おともだちへのプレゼントにしても素敵です。
◎サイズ：15cm × 15cm

26 [ドイリー&テーブルランナー] doily & table runner
作り方／98ページ

鮮やかなクリスマスカラー。気分が盛り上がります。
◎サイズ：ドイリー 19cm × 19cm、テーブルランナー 21cm × 66cm

27 ［オーナメント］ ornament
作り方／98ページ

手の平サイズのクリスマスモチーフ。
たくさん作って、可愛い天使達と窓辺を飾ります。
◎サイズ：約10cm × 約10cm

28 ［壁掛け］ tapestry
作り方／99ページ

ミニサイズの壁掛けです。
どんなふうに飾るかセンスのみせどころですね。
◎サイズ：13cm × 21cm

29 [テーブルセンター] table center
作り方／100ページ

聖夜を祝って、もみの木のモチーフを配した星形のセンター。
1年に1度のちょっとした贅沢です。
◎サイズ：82cm×82m

繊細なディテールに憧れて

まるでレースを編むように、布を細工していくハーダンガー刺繍。細やかなディテールが際立つ、白×白の色合わせで、かがりに凝ったデザインの作品を集めました。

Hardanger Embroidery

30 ［ドイリー］doily
作り方／102 ページ

手始めのドイリーは、サンプラーとしても使えます。
◎サイズ：a 22.5cm × 22.5cm、b・c 18cm × 18cm、d 19.5cm × 19.5cm

31 [テーブルセンター] table center
作り方／104ページ

時間がかかっても、手に入れたいと思わせる1枚。
上品で優美な手仕事の美しさに見惚れてしまいます。
◎サイズ：48cm × 103cm

32 [テーブルランナー] table runner
作り方／103ページ

さりげなくインテリアにプラスするだけで、
クラスアップされた空間に。凛とした存在感が魅力です。
◎サイズ：20cm × 100cm

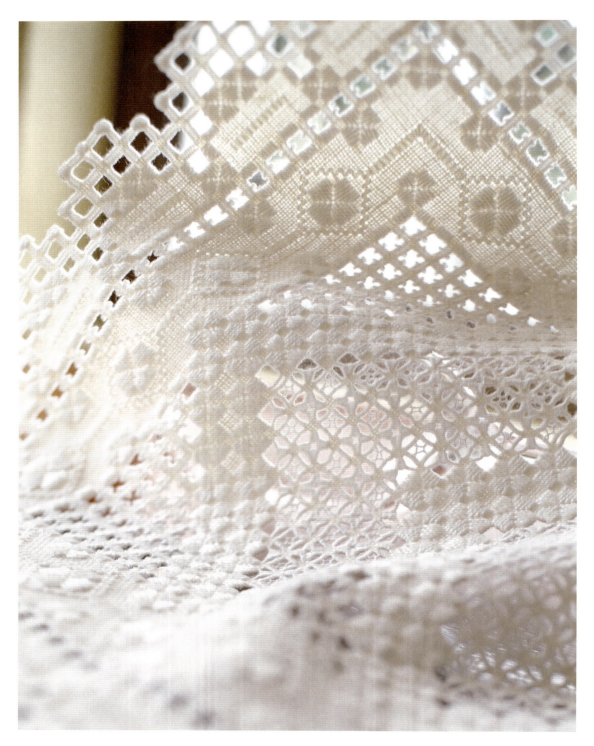

33 ［テーブルセンター］ table center
作り方／106ページ

自作の刺繍を飾って見て下さい。飾る楽しみが増えれば、
刺すことがもっともっと楽しくなりますから。
◎サイズ：34cm × 65cm

Basic Technique

始める前に

材料と用具 ××××××××××××××××××××××××××××××××××××

［刺しゅうに適した布］

布は縦糸と横糸の織り糸の太さが同じに織られた、平織りのものが適しています。手芸専門店で市販されているコングレスが使いやすいでしょう。材質は木綿・麻・混紡の布があります。平織りの布であれば、服地などでも使えます。布目の間隔は、1cmの中に織り糸が縦・横とも6〜12本ぐらいの布が適当です。布目によって模様のサイズが決まりますので、目的に合わせた布を選んでください。

［刺しゅう糸］

この本に掲載されている作品はDMCの刺しゅう糸を使用しています。コットンパールの3番・5番・8番・12番刺しゅう糸、アブローダーや25番刺しゅう糸、金・銀ラメ糸、コマ巻の金糸・銀糸を使用しています。コットンパールの刺しゅう糸は光沢があり、撚りがかかっているので、糸の撚り具合をいつも同じ状態に保ちながら刺すことが作品を美しく仕上げるコツです。

コットンパール / 8番 / 12番 / 3番 / 5番 / 25番刺しゅう糸 / 25番金ラメ糸 / アブローダー / コマ巻きの銀糸

綿
1cmに織り糸7本

綿・レーヨンの混紡
1cmに織り糸7.5本

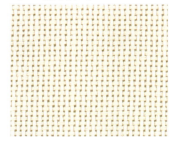

麻
1cmに織り糸8本

綿（2本だて）
1cmに織り糸8.5本

［布と糸の選び方］

サテンステッチで刺しゅうをする部分は太めの糸を使い、かがりの部分やアイレットワークを刺すときは、それより細めの糸を使うと、作品に表情が出ます。

布 （1cmの 織り糸数）	刺しゅう糸	
	サテンステッチに 使う糸	かがりに 使う糸
6本以下	3番	5番
約7本	3番・5番	5番・8番
約8本	5番・8番	8番
約10本	8番・アブローダー・25番	8番・12番 ・アブローダー
約12本	8番・12番 ・アブローダー・25番	12番・アブローダー・25番

麻
1cmに織り糸10本

綿
1cmに織り糸10本

●布実物大

Basic Technique

[刺しゅう用針]
DMCタペストリー針（18番・20番・22番・24番）・クロスステッチ針・毛糸とじ針など、針先が丸くなった針を使います。サテンステッチを刺すときは、糸のつやを保ち、美しく仕上げるために、やや太めの針を使った方が良いでしょう。目安として3番刺しゅう糸には18番の針、5番刺しゅう糸には20番の針、8番刺しゅう糸には22番の針、12番・25番刺しゅう糸には24番の針が適当です。

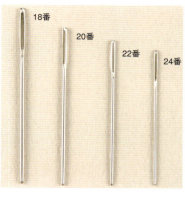

●針実物大

[必要な用具]
1.針　2.はさみ…先がとがった洋ばさみが必要です。　3.刺しゅう用丸枠…かがりをするときに使います。直径12cm・15cmのサイズが使いやすいでしょう。　4.目打ち…アイレットワークの穴を揃えたり、織り糸を抜くときに使うと便利です。　5.しつけ糸…布端の裁ち目かがりや、布目を通して案内線を入れるときに使います。　6.ものさし

刺しゅうを始める前の準備 ××××××××××××××××××××××××××××

・平織りのほつれやすい布を使うので、布端に裁ち目かがりをします。

・布の要所にしつけ糸で案内線を縫います。布目を正確に通し、織り糸を4本すくい、4本先を4本すくうをくり返し、必要なところに案内線を入れます。

・4本ずつの案内線を目安にクロスターブロックを刺していきます。

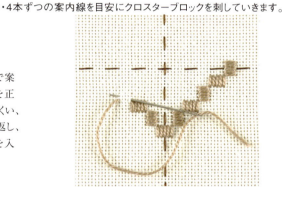

クロスターブロックの刺し方 ××××××××××××××××××××××××××××

クロスターブロックは、ハーダンガー刺しゅうの基盤になるステッチで、ブロック状にサテンステッチを刺したものです。このクロスターブロックに基づいて全てのステッチの位置が決まります。
※この本のクロスターブロック1つは、織り糸4本をサテンステッチで束ねるように5回刺します。

[刺し始め]
裏に少し糸を残して、サテンステッチの下にかくれるように二針縫って、1に針を出し、サテンステッチを刺し始めます。残しておいた糸はあとで切ります。

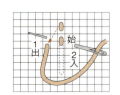

●斜めに刺すとき

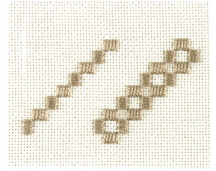

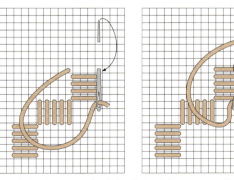

糸の方向を変えるときは常に直角に曲がり、最初のステッチと前のクロスターブロックの最後のステッチは同じ穴に刺します。
※2列に刺すダブルも1列ずつ刺します。

Hardanger Embroidery

Basic Technique

● 平行に並べて刺すとき

ブロックとブロックの間の裏で、斜めに糸が渡るように刺します。3列刺すときは、1列ずつ刺します。ブロックとブロックの角は同じ穴に糸が入ります。

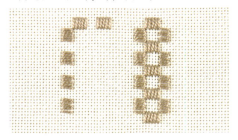

[刺し終わりの糸始末]

①刺し終わりの糸端はクロスターブロックの裏側で最後の糸の下の織り糸を1本すくって、ステッチの裏に通します。

糸の下にある織り糸1本すくう

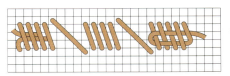

②針を戻し、クロスターブロックの中を通して糸を切ります。

[糸のつなぎ方]

・刺している途中で糸がなくなったときは、「はたむすび」で新しい糸とつなげて刺していきます。
・太い糸（3番刺しゅう糸）のときは不向きなので、刺し終わりの糸始末をしてから、新たに刺し始めます。

はたむすび

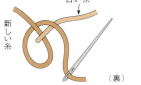

[糸端の始末]

・線刺しの始めや、かがりの始めは糸端に玉結びを作り、そのきわの糸を割って通します。

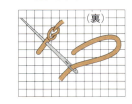
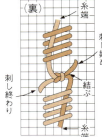

・サテンステッチの刺し始めと終わりがつながるときは、始めで少し糸を残しておき、終わりの糸と結び、糸端をサテンステッチの中に織り込んでおきます。

織り糸の切り方・抜き方 ××××××××××××××××××××××××××××××××

①クロスターブロックを刺します。

②クロスターブロックの針足の部分の織り糸をカットします。
表からはさみの先を、針足の部分に入れ、クロスターブロックの部分に入り込む織り糸を表側から切ります。

③布を裏返し、②の要領で残りの織り糸をカットします。

④縦糸・横糸の織り糸を4本ずつ切り、格子状に抜きます。

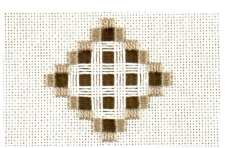

⑤クロスターブロックのきわから糸端が見えないように仕上げます。

Basic Technique

かがりの刺し始めと終わりの始末 ××××××××××××××××××××××××××

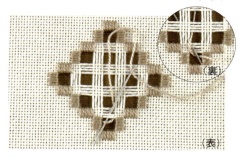
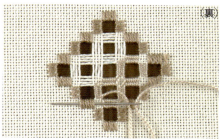

①糸端は最初のウーブンバーをするときに裏側で糸端を押さえ、一緒にすくってかがり始めます。

②途中、次の段へ移るときは、クロスターブロックの裏を通して進みます。

③かがり終わりの糸は、最後のウーブンバーの中に通してから切ります。

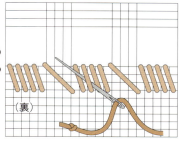
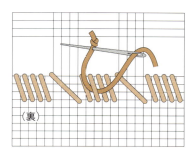

● ウーブンバー以外のかがりの刺し始め

①糸端に小さな結び玉を作り、クロスターブロックとその下の織り糸をすくいます。

②結び玉のきわの糸を割って針を通し、かがり始めの位置に出して始めます。

縁の始末 ××××××××××××××××××××××××××××××××

[ブランケットステッチで仕上げる]

・ブランケットステッチ

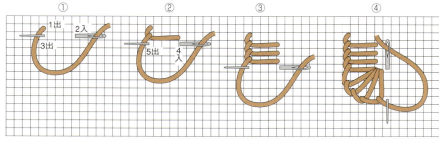

①ブランケットステッチは、必ず上から下、左から右に進んで刺します。

②ブランケットステッチを刺し終わりました。

③外回りの布をカットするときは、刺しゅう糸を切らないように注意しましょう。

・途中の糸のつなぎ方

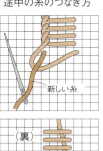

・刺し終わりのとめ方

Hardanger Embroidery

Basic Technique

[レース風に仕上げる]

●階段状にカットする場合

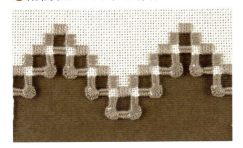

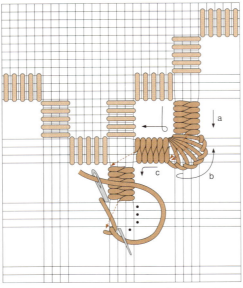

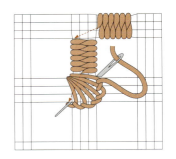

①クロスターブロックの外側の織り糸を格子状に抜いてから、かがり始めます。

②ウーブンバーでaをかがり、曲がり角のbのブランケットステッチは左から右へ進み、cのウーブンバーに進みます。a、b、cをくり返してかがり、終わったらブランケットステッチのときと同要領に外回りの布を丁寧にカットします。

bの部分はブランケットステッチの裏側に糸を通し、cのウーブンバーに進みます。

●直線にカットする場合

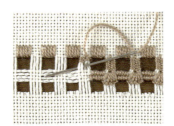

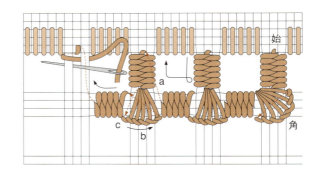

クロスターブロックの外側の織り糸を格子状に抜きます。階段状のときと同じ順序でaをウーブンバーでかがり、bのブランケットステッチを刺し、ブランケットステッチの裏側に糸を通して左側のcのウーブンバーへ進みます。a、b、cをくり返してかがり、かがり終わったらブランケットステッチのときと同要領に外回りの布を丁寧にカットします。

仕上げ ××××××××××××××××××××××××××××××××××××××

●アイロンのかけ方

刺しゅうは立体的なものなので糸を痛めないようにアイロン台の上に毛布を置き、木綿の布をかぶせ、やわらかいアイロン台を作ります。
刺しゅう面を裏返しに置き、裏からアイロン仕上げ用のスプレーのりをかけ、のりが刺しゅう布になじんでからアイロンをかけます。縁をブランケットステッチや、レース風に仕上げたときは、その部分をやや厚めにのりづけした方が良いでしょう。アイロンの温度は布地に合わせて調整します。

●洗濯の仕方

汚れたときは、ぬるま湯に洗剤を溶かして押し洗いをします。脱水機にはかけないでタオルで水気をとって干します。なま乾きのうちにアイロンをかけ、再度のりづけをしてアイロン仕上げをします。

Hardanger Embroidery

Basic Technique

ステッチのいろいろ ××××××××××××××××××××××××××××

●ケーブルステッチa

シングル

ダブル

シングル

ダブル

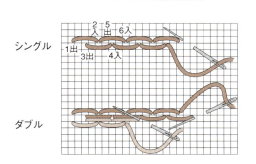

●ケーブルステッチb

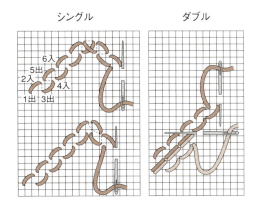

●フォーサイドステッチa

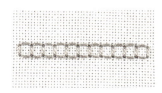
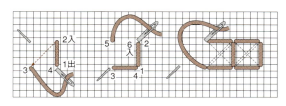

●フォーサイドステッチb

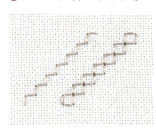
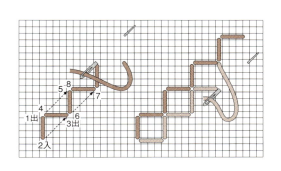

●バックチェーンステッチ

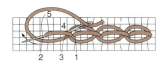

●シェブロンステッチ

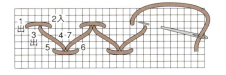

●アイレットワーク

a（詰めて刺す場合）　　b（間をあけて刺す場合）

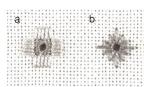
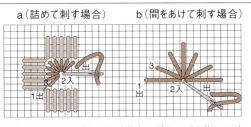

アイレットワークは、外側から針を出し、中心に針を入れて時計回りに刺します。糸始末は、始まりの糸と終わりの糸を必ず結びます。出来上がりの穴の大きさを揃えるために目打ちを使います。

Hardanger Embroidery

Basic Technique

かがりのいろいろ

かがりはクロスターブロックやサテンステッチを刺して、内側の織り糸を格子状に抜いてから始めます。
※1、2、8-f、14のかがりは入っておりません。

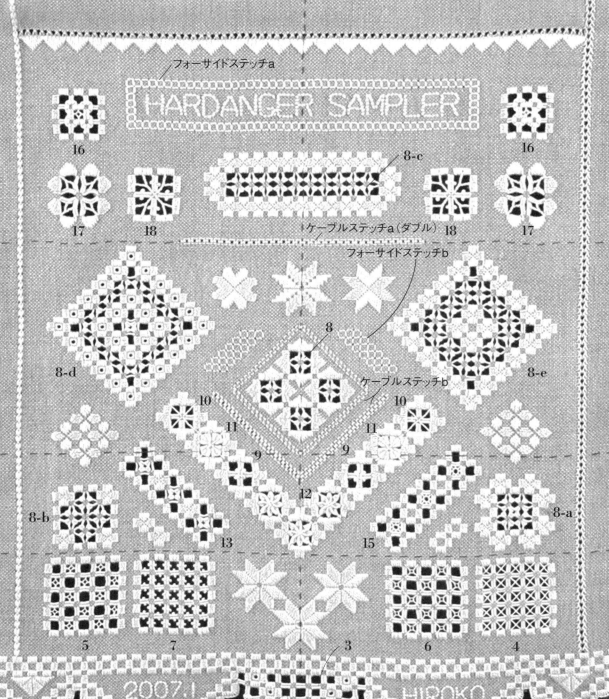

Basic Technique

[基本のかがり]

1 ● 格子かがり

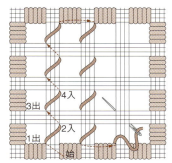

① 糸をつけ、縦方向を全部かがります。

② 続けて横方向をかがります。糸の引き方がポイントです。

2 ● ロールバー Roll Bar

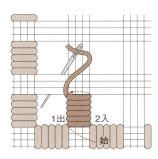
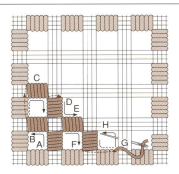

① 糸をつけ、織り糸が見えなくなるまでかがります。

② 斜めの階段状に巻き進みます。（縦方向を全部かがってから、横方向をかがっても良いです。）

3 ● ウーブンバー Woven Bar

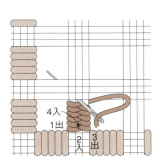
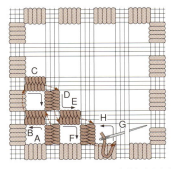

① 抜き残した織り糸4本を2本ずつに分け、織り糸が見えなくなるまで交互にかがります。

② 斜めの階段状にかがり進みます。（縦方向を全部かがってから、横方向をかがっても良いです。）

4 ● ノットクロス Knot cross

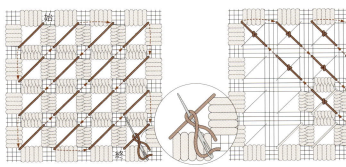

① ウーブンバーをかがり終わってから、続けて斜めに糸を渡し、Uターンしながら進みます。更にノットクロスを斜めに結びます。

② 1列ずつ進み、角まできたら、片側も同様に進みます。

Hardanger Embroidery

Basic Technique

[基本のかがり]

5 ● ループ Loop

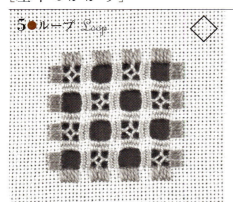
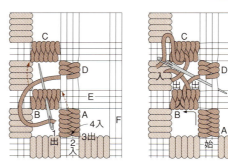

① ウーブンバーでA・B・Cをかがり、Dの途中でループを始め、B・クロスターブロック・Cに針を入れてループを作り、Dに戻って残りをかがります。

② 図のように針を運んで階段状に進みます。

6 ● ツイスト ループ Twisted Loop

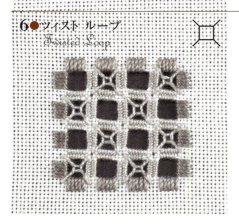
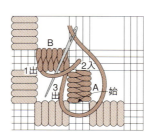
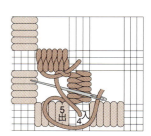

① ウーブンバーでA・Bをかがり、Bの最後からツイストループを始めます。1、2、3と針を運び、ループに上から針を通します。

② 4、5と針を運び、ループに上から針を通します。

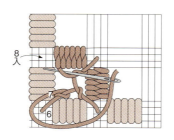
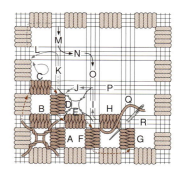

③ 6、7と針を運び、ループに上から針を通し、更に最初のループに通して8に入ります。

④ ウーブンバーでかがりながら図のように階段状に進みます。

7 ● ウーブン ピコット Woven Picot

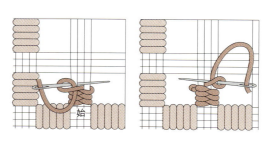
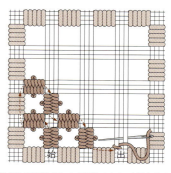

① 織り糸4本の間から針を出し、ウーブンバーを半分までかがり、フレンチノットステッチのピコットをし、続けて反対側も同様にピコットを作り、残り半分のウーブンバーをします。

② 斜めの階段状にかがり進みます。（縦方向を全部かがってから、横方向をかがっても良いです。）

Basic Technique

[基本のかがりの組み合わせ]

8● マルティーズ クロス
Maltese Cross

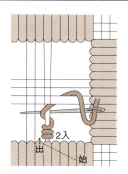
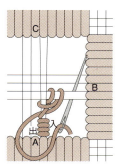
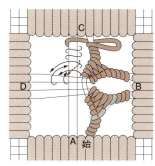

①中央の織り糸4本を残してカットし、糸をつけてAの織り糸2本にロールバーで3～4回巻き、Aの途中からBの2本に渡し、中央から外側に向けてウーブンバーを4～5回します。

②Bの残り半分をロールで巻きます。以上をB・C・D・Aとくり返します。

● マルティーズ クロスを斜めに並べたときや、平行に並べた場合は針運びが変わってきます。

8-a

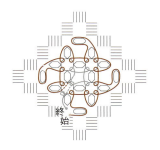

8-b
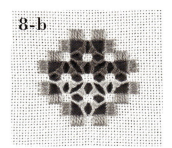
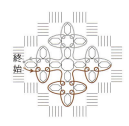

8-c
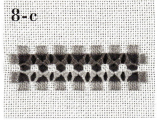
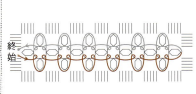

8-d
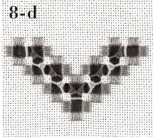

8-e

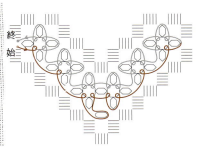

8-f

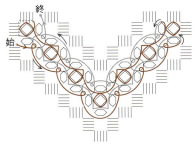

Hardanger Embroidery

Basic Technique

[基本のかがりの組み合わせ]

9

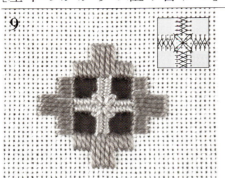
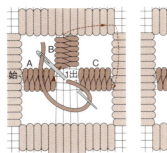
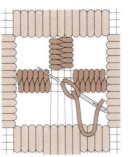

①中央の織り糸4本を残してカットし、A・B・Cの順にウーブンバーでかがり、中心の1に出します。同じ穴に針を入れて針先に糸をかけ、レゼーデージーステッチをします。

②D・E・F・Gの順にレゼーデージーステッチを刺し、Gの終わりの糸を裏から対角線に出し、Hのウーブンバーをかがります。

10

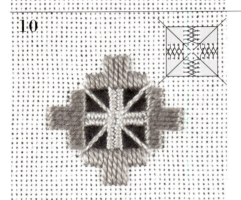
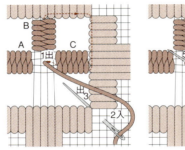
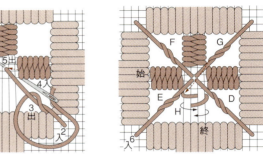

①中央の織り糸4本を残してカットし、A・B・Cの順にウーブンバーでかがり、中心の1に出し、2、3と針を運び、渡った糸に巻きつけ、再び1（5出）に出します。

②Dと同様にE・F・Gの順に糸を渡し、Gの終わりの糸を対角線に出し、Hのウーブンバーをかがります。

11

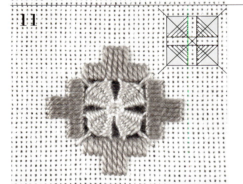
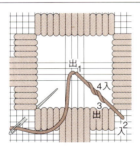
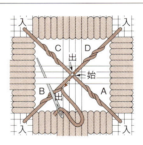
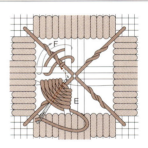

①中央の織り糸4本を残してカットし、裏に5cmくらい糸を残して1に出し、2、3と針を運び、渡った糸に巻きつけて4へ入れ、残した糸と結び、再び1に出します。

②B・C・Dも同じように糸を渡し、Dの終わりの糸を対角線Bのきわに出します。

③Bで作ったバーを中心に左右の織り糸2本ずつを合わせた3本に、中心から外側に向けてウーブンバーをかがります。裏でウーブンバーの中を通してFへ進みます。

12

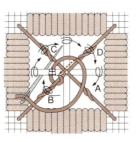
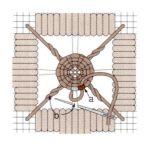

①中央の織り糸2本を残してカットし、11と同様に糸を渡してDの終わりの糸をBのきわに出し、バックしながら時計まわりに、中心から外側へ巻き進みます。

②3〜5周巻き、最後に渡した糸aと2本の織り糸、又は斜めに渡したバーbにウーブンバーを4〜5回します。

③次に進むときはウーブンバーの裏で中を通し、同様に時計まわりに進みます。

Hardanger Embroidery

[基本のかがりの組み合わせ]

Basic Technique

13

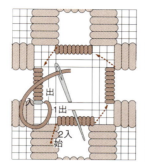
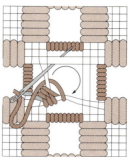
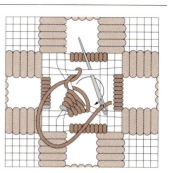

①織り糸をカットし、残った糸を2本ずつに分け、外側の2本にロールバーをし、続けて内側の2本は隣同士をウーブンバーで半分かがり、時計まわりに進みます。
②マルティーズクロス（55ページ）のbと同様に針を運びます。

14

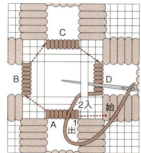
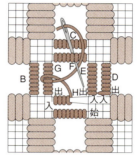
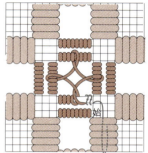

①糸をつけ、1に出して外側の織り糸2本にロールバーをA・B・C・Dの順にかがり、中央に出します。
②次の内側2本をE・F・G・Hの順にロールバーをし、Hの途中から図のようにループをします。
③Hの残りにロールバーをし、終わりの糸はクロスターブロックの中に入れて始末します。

15

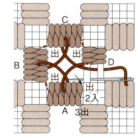
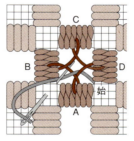
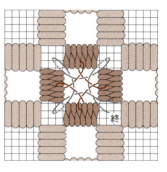

①織り糸をカットし、A・B・C・Dの順にウーブンバーでかがり、Dの途中からループを作り、Dに戻って残りのウーブンバーをします。
②Dの終わりの糸から続けて前のループの糸をすくいながら、角の布をすくってループを重ねて入れます。
③終わりの糸は裏に出し、ウーブンバーの中に入れて糸端の始末をします。

16

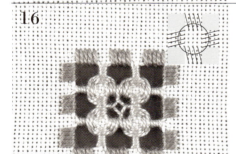
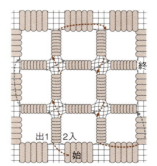
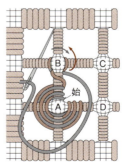
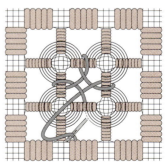

①抜き残した織り糸4本にロールバーやウーブンバー（53ページ）をします。（ここではロールバーで説明）
②4カ所のクロス部分を中心にウーブンバーをし、A・B・C・Dの順に進みます。
③Dのウーブンバーに続けてループを作り、終わりの糸はウーブンバーの裏に通して始末します。

Hardanger Embroidery

Basic Technique

[基本のかがりの組み合わせ]

17

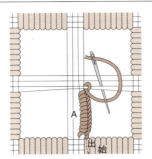
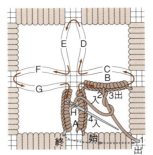
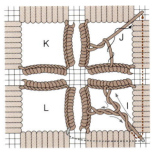

①残した織り糸4本を2本ずつに分け、中央に向けてブランケットステッチをし、中央から隣の2本に渡ります。

②A・B・C～Hの順にブランケットステッチをし、Hまでできましたらサテンステッチの裏を通して1に出し、2・3と糸を巻きつけながら渡し、4に入れます。

③1の裏糸にかけて次に進み、J・K・Lとくり返します。

18

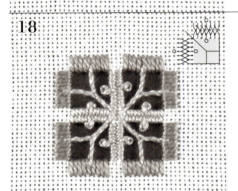
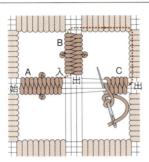
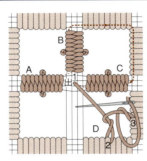
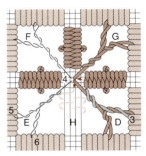

①残した織り糸4本にA・B・Cの順に2回巻きのピコットを入れながらウーブンバーをします（54ページ）。

②Cの終わりから中央の1に出し、2・3と糸をかけながら、中央の1に戻ります。

③Dと同様にE・F・Gと進み、Hのウーブンピコットをして終わります。

サンプラーのバックステッチとサテンステッチの図案（52ページ）　□＝織り糸2本×2本

作品の作り方

●布の準備
布は布目の織り糸の密度によって、出来上がり寸法が違ってきます。布を選ぶときは、1cmの織り糸の数を確かめて、出来上がり寸法より10cm前後大きめのものを用意します。
布の周囲は裁ち目かがり(47ページ参照)をします。

●案内線
案内線はクロスターブロックのサテンステッチを刺すときの目安になります。出来上がり図を参照して必要なところに案内線(47ページ参照)を入れます。案内線は刺している途中でも、必要に応じて入れていきます。

●仕上げ
出来上がりましたら、仕上げ(50ページ参照)をして形を整えます。

●材料の糸量について
この本ではDMC刺しゅう糸
3番-1束=15m、5番-1束=25m、8番-1玉=10g(約80m、12番-1玉=10g(約120m)、25番-1束=8mを使用しています。指定以外は1本で使用します。

●図案の見方

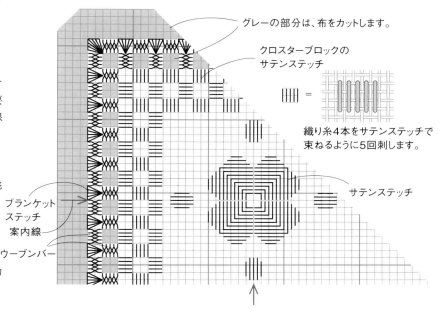

▶98ページからの続き **26**
ドイリー
●出来上がり寸法　約19cm×19cm
●材料
[糸] DMC刺しゅう糸
5番 - ダークグリーン(319)1束・ライトグリーン(909) 各1束
3番 - 赤(321)1束、8番 - 赤(321)1玉
25番 - 金ラメ糸(E3852)1束
[布] コングレス(1cmに織り糸7本)
　　　グリーン 30cm×30cm
●作り方
案内線は布の中央から左右、上下に入れます。
[刺し方順序]
1. 中心の始位置から、サテンステッチをします。(3番-321、5番-909、金ラメ糸3本どり)
2. アイレットワークbをします。(金ラメ糸3本どり)
3. クロスターブロックを刺します。(5番-319)
4. アイレットワークaをします。(8番-321)
5. クロスターブロックの外側の織り糸をカットし、ウーブンバーとブランケットステッチでかがります。(5番-319)
<周囲の残った布をカットして、アイロン仕上げをします>

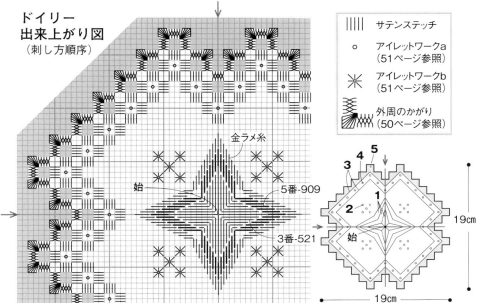

1 ティーセット
photo 4ページ

ランチョンマット
- ●出来上がり寸法　25cm×35cm
- ●材料
  - [糸] DMC刺しゅう糸　白(BLANC)
    - 5番-1束、8番-1玉
  - [布] 麻コングレス(1cmに織り糸9本)
    - 白40cm×50cm
- ●作り方

[刺し方順序]
1. 始位置からクロスターブロックを刺します。(8番)
2. 水玉と花柄のサテンステッチをします。(5番)
3. ケーブルステッチbをシングルで刺します。(8番)
4. かがり部分の織り糸をカットしてウーブンピコットとループをします。(8番)
5. フォーサイドステッチaを2列に刺し(8番)、その間の織り糸を抜きます。
6. 右上の水玉と花柄のサテンステッチをします。(5番)

[仕立て方]
出来上がり寸法に4cmの縫い代をつけて、裁断します。周囲は2cm幅の三つ折りにし、角は額縁仕立て(87ページ参照)にしてまつり、アイロン仕上げをします。

ティーコゼー
- ●出来上がり寸法　18cm×51cm (外回り)
- ●材料
  - [糸] DMC刺しゅう糸　白(BLANC)
    - 5番-1束、8番-1玉
  - [布] 麻コングレス(1cmに織り糸9本)
    - 白25cm×80cm
  - [その他] キルティング布　白25cm×65cm
- ●作り方

案内線は粗断ちした布の中央から左右、上下に入れます。

[刺し方順序]
1. 中心から18本外側の始位置からクロスターブロックを刺します。(8番)
2. 水玉と花柄のサテンステッチをします。(5番)
3. ケーブルステッチbをシングルで刺します。(8番)
4. かがり部分の織り糸をカットしてウーブンピコットとループをします。(8番)

以上のものを3枚作ります。

[仕立て方]
刺しゅうした3枚の布(表布)はアイロン仕上げをし、型紙(出来上がり図参照)をあて、裾以外は1cmの縫い代をつけて裁断します。裁断した3枚を中表に縫い合わせ、縫い代を割ります。キルティング布も表布と同様に作ります。表布とキルティング布を外表に合わせ、裾をパイピング仕立てにします。上部のつまみはボタンホールステッチで作ったループをつけます。

ランチョンマット・ティーコゼー

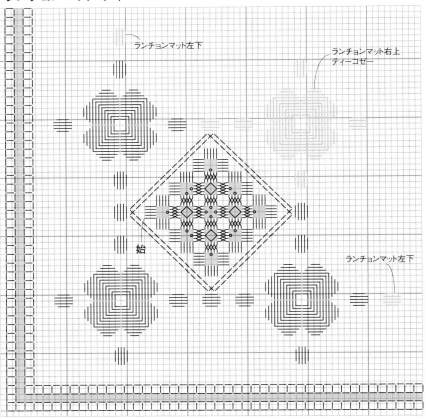

ランチョンマット 出来上がり図 (刺し方順序)

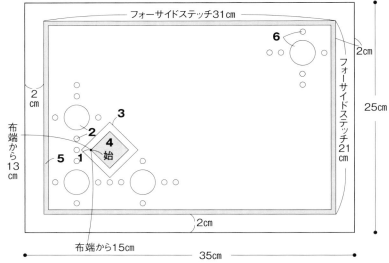

※刺し上がってから、出来上がり寸法に四方4cmずつの縫い代をつけて裁断します。

Hardanger Embroidery

ナプキン
● 出来上がり寸法　約40cm×40cm
● 材料
[糸]DMC刺しゅう糸　白(BLANC)
　　5番-1束、8番-1玉
[布]麻コングレス(1cmに織り糸9本)
　　白50cm×50cm
● 作り方
案内線は**1**を1模様刺してから左右、上下に入れます。
[刺し方順序]
1. 布端から7cm入った始位置からすべてのクロスターブロックを刺します。(8番)
2. ケーブルステッチbをシングルで刺します。(8番)
3. 水玉と花柄のサテンステッチをします。(5番)
4. かがり部分の織り糸をカットしてウーブンピコットとループをします。(8番)
5. 外周をウーブンバーとブランケットステッチでかがります。(8番)
＜周囲の残った布をカットして、アイロン仕上げをします＞

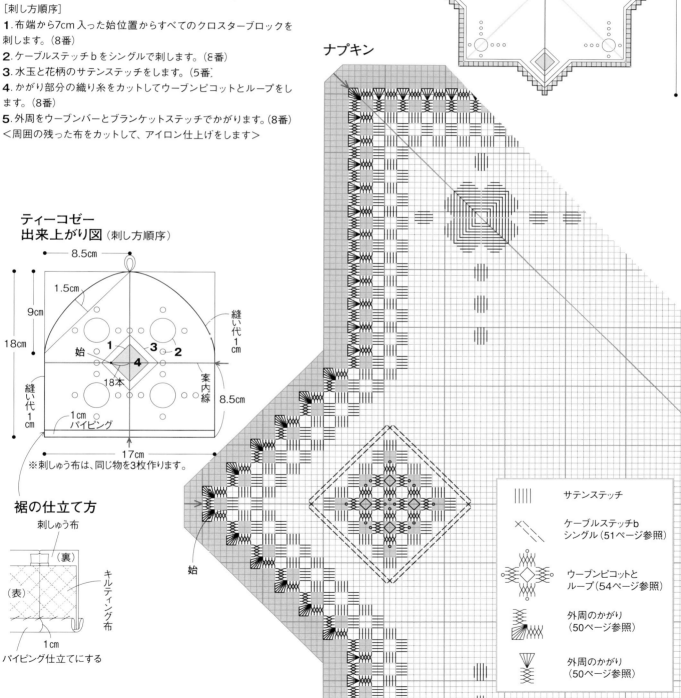

2 テーブルセンター
photo 5ページ

- ●出来上がり寸法　約85cm×85cm
- ●材料
  - [糸] DMC刺しゅう糸　白(BLANC)
    5番-10束、8番-3玉
  - [布] 麻コングレス(1cmに織り糸9本)
    白95cm×95cm
- ●作り方

案内線は布の中心から左右、上下に入れます。

[刺し方順序]

1. 中心から158本(39.5ブロック分)外側の始位置からA柄のクロスターブロックを刺し、それを目安にすべてのA・B柄のクロスターブロックを刺します。(8番)
2. 水玉と花柄のサテンステッチをします。(5番)
3. ケーブルステッチbをシングルで刺します。(8番)
4. 外周のクロスターブロックを刺します。(8番)
5. 外周のブランケットステッチをします。(8番)
   <かがり部分の織り糸をカットします>
6. A柄をマルティーズクロス8-aでかがります。(8番)
7. B柄をウーブンピコットとループでかがります。(8番)
8. 4の間をウーブンピコットとループでかがります。(8番)

<周囲の布をカットして、アイロン仕上げをします>

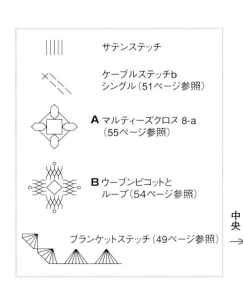
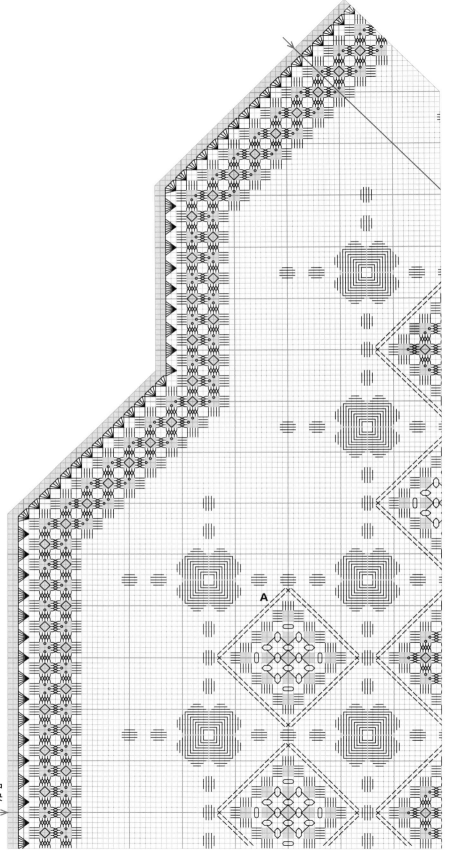

Hardanger Embroidery

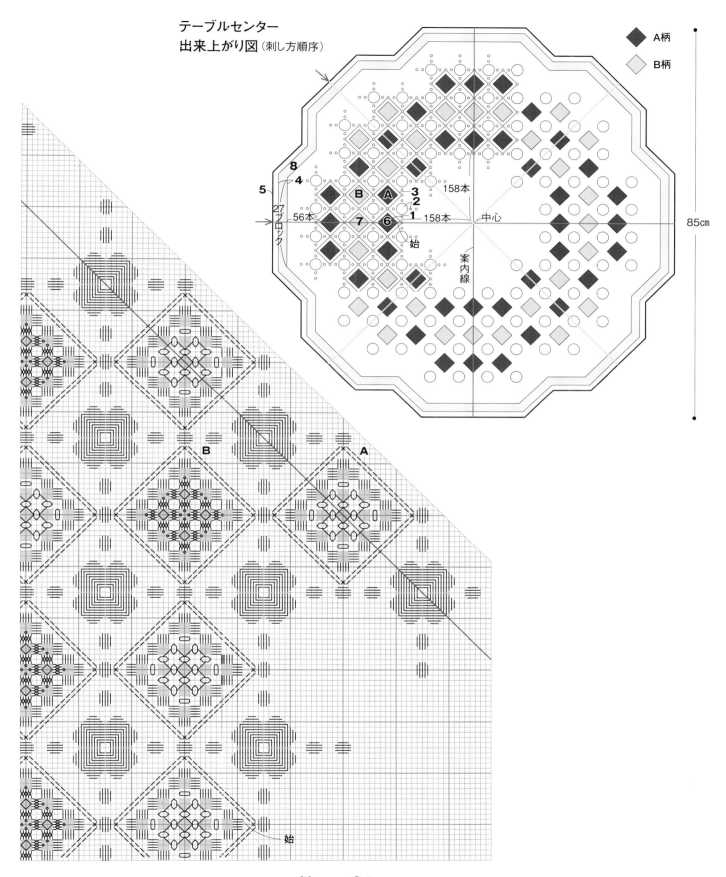

3 テーブルセンター
photo 6ページ

- ●出来上がり寸法　37cm×78m
- ●材料[糸] DMC刺しゅう糸　白(BLANC)
  　　　　　 8番-2玉、12番-1玉
  　　　[布] 麻コングレス(1cmに織り糸10本)
  　　　　　 白52cm×93cm
  　　　[その他] 白のカタン糸(ヘムかがり用)

●作り方[刺し方順序]
1. 布端から15cm入った始位置からすべてのフォーサイドステッチaをします。(8番)
2. クロスターブロックを刺します。(8番)
3. クロスターブロックの周囲に、ケーブルステッチbをダブルで刺します。(8番)
4. ケーブルステッチbをシングルで刺します。(8番)
5. 矢羽柄のサテンステッチと、アイレットワークbをします。(8番)

<かがり部分の織り糸をカットします>

右下に続く

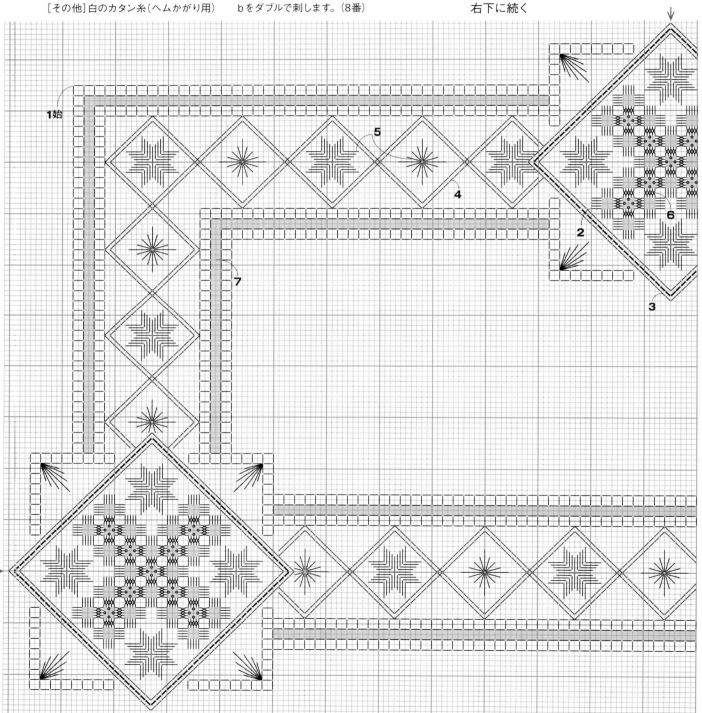

Hardanger Embroidery

5 ナプキン
photo 8ページ

- ●出来上がり寸法　40cm×40cm
- ●材料
  - [糸]DMC刺しゅう糸　白(BLANC)
    - 5番-3束、8番-1玉
  - [布]ネップ入りコングレス(1cmに織り糸8.5本)
    - 白55cm×55cm
  - [その他]白カタン糸(ヘムかがり用)
- ●作り方

案内線は布の中心から左右、上下に入れます。
[刺し方順序]
1. 中央の始位置からすべてのクロスターブロックを刺します。(5番)
2. バックステッチをします。(5番)
3. ケーブルステッチaをダブルでします。(8番)
   <かがり部分の織り糸をカットします>
4. A柄をマルティーズクロス8でかがります。(8番)
5. B柄をウーブンピコットとループでかがります。(8番)

[仕立て方]
出来上がり寸法に5cmの縫い代をつけて、裁断します。周囲は2.5cm幅の三つ折りにし、角は額縁仕立てにしてヘムかがりで仕上げます。(87ページ参照)

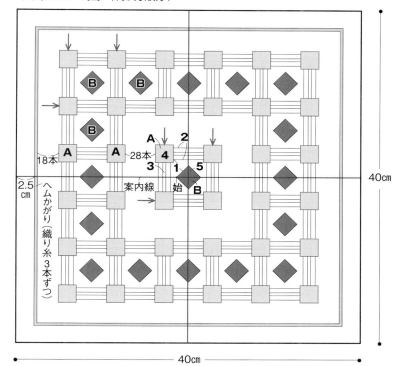

※刺し上がってから、出来上がり寸法に四方5cmずつの縫い代をつけて裁断し、三つ折りヘムかがりで仕上げます。

左上からの続き
6. クロスターブロックの中に、ウーブンピコットをします。(12番)
7. 平行に並べて刺したフォーサイドステッチの間の織り糸を4本抜きます。

[仕立て方]
出来上がり寸法に5cmの縫い代をつけて裁断します。周囲は2.5cm幅の三つ折りにし、角は額縁仕立てにして、ヘムかがりで仕上げます。(87ページ参照)

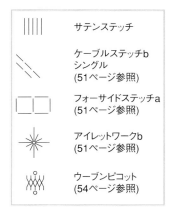

▶出来上がり図は69ページ

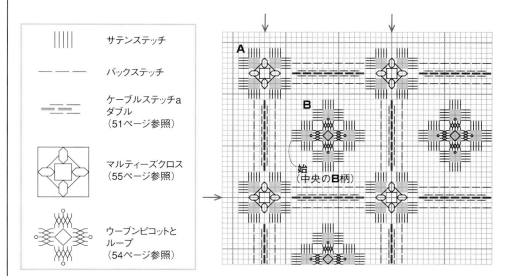

バックステッチ

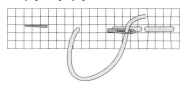

4 カフェカーテン
photo 7ページ

- ●出来上がり寸法　54cm×90cm
- ●材料
  [糸]DMC刺しゅう糸　白(BLANC)
  　5番-2束、8番-2玉、12番-1玉
  [布]麻コングレス(1cmに織り糸10本)
  　白75cm×98cm
- ●作り方
  案内線はカーテン幅の中央と裾から15cmのところに入れます。

[刺し方順序]
1. 始位置から中央のA柄のクロスターブロックを刺します。(8番)
2. 裾と両サイドのクロスターブロックを刺します。(8番)
3. 残りのA柄のクロスターブロックを刺します。(8番)
4. 花柄のサテンステッチをします。(5番)
5. A柄のケーブルステッチbをシングルで刺します。(8番)
6. A柄から上へ縦4本の織り糸を抜き、ヘムかがりをします。(8番)
7. B柄の花柄のサテンステッチ(5番)とケーブルステッチbのシングル(8番)と、上に続くストレートステッチ(8番)をします。
8. 外周のブランケットステッチを刺します。(8番)
9. 折り返し部分は裏を表にして、クロスターブロック(8番)と、花柄のサテンステッチ(5番)とブランケットステッチ(8番)をします。

＜かがり部分の織り糸をカットします＞

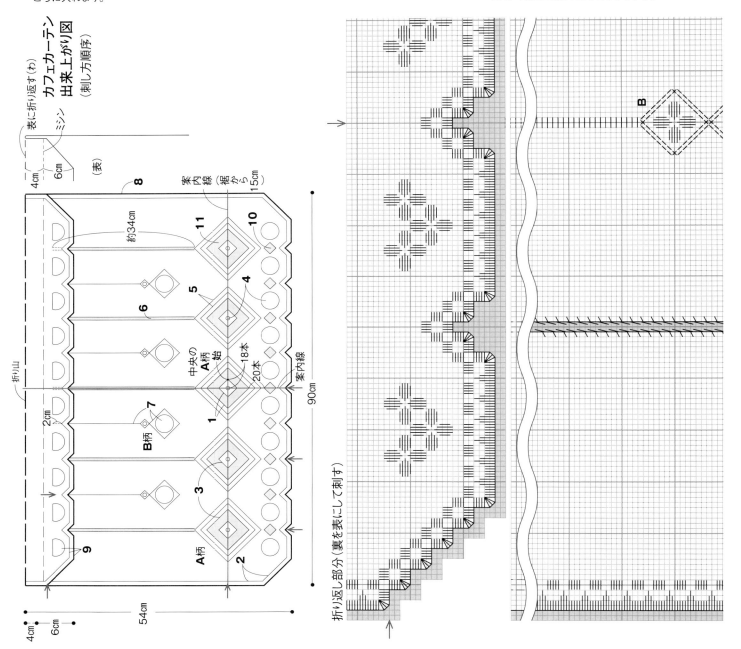

Hardanger Embroidery

10. かがり14をします。(12番)
11. マルティーズクロス8-fとループでかがります。(12番)
＜周囲の布をカットして、アイロン仕上げをします＞

[仕立て方]
折り返し部分にミシンをかけ、棒を通します。

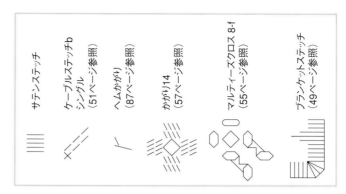

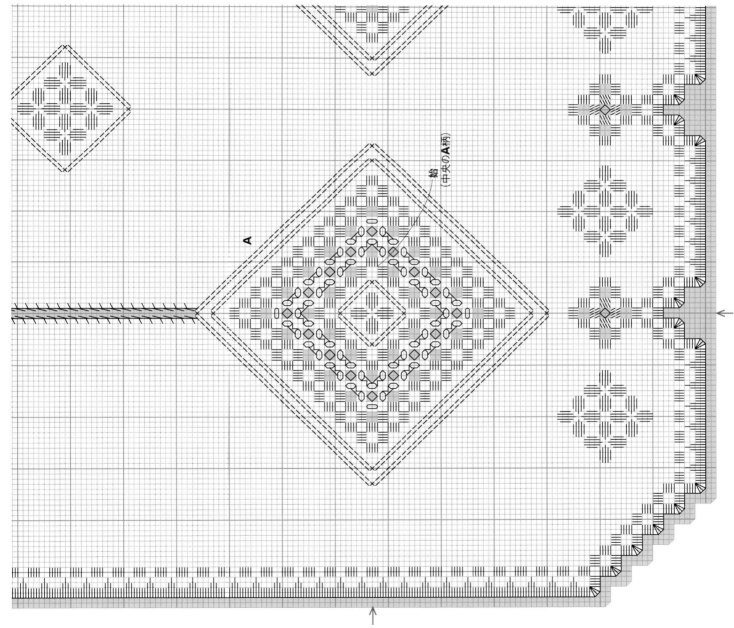

6 テーブルセンター
photo 9ページ

- 出来上がり寸法　約37cm×62cm
- 材料
  [糸]DMC刺しゅう糸　白(BLANC)
  　5番-6束、8番-1玉
  [布]コングレス(1cmに織り糸7本)
  　白47cm×72cm
- 作り方
案内線は布幅の中央に入れます。
[刺し方順序]
1. 左布端から13cm入った始位置からすべてのクロスターブロックを刺します。(5番)
2. 矢羽柄のサテンステッチとそれに続くバックステッチをします。(5番)
3. アイレットワークbをします。(5番)
4. ケーブルステッチbをシングルでします。(5番)
5. 外周のブランケットステッチをします。(5番)
6. アイレットワークaをします。(8番)
<かがり部分の織り糸をカットします>
7. 直線のクロスターブロックの間に、ウーブンバーをします。(8番)
8. クロスターブロックの内側に、ウーブンバーとループをします。(8番)
<周囲の布をカットして、アイロン仕上げをします>

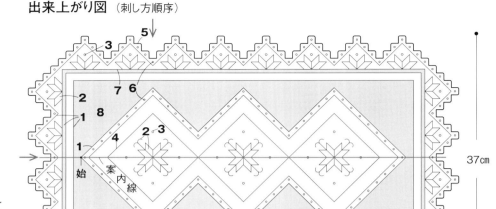

出来上がり図（刺し方順序）

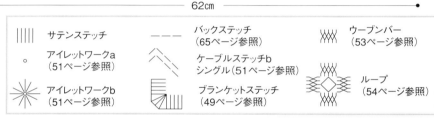

サテンステッチ	バックステッチ(65ページ参照)	ウーブンバー(53ページ参照)
アイレットワークa(51ページ参照)	ケーブルステッチbシングル(51ページ参照)	ループ(54ページ参照)
アイレットワークb(51ページ参照)	ブランケットステッチ(49ページ参照)	

Hardanger Embroidery

▶64ページからの続き 3

出来上がり図（刺し方順序）

※刺し上がってから、出来上がり寸法に四方5cmずつの縫い代をつけて裁断します。

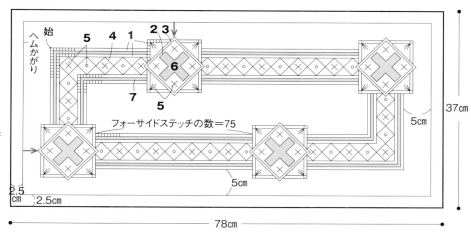

▶76ページからの続き 10

携帯ケース
- 出来上がり寸法　11.5cm×8cm
- 材料
  [糸]DMC刺しゅう糸　生成り(ECRU)
  　5番-1束、8番-1玉
  [布]麻コングレス(1cmに織り糸8本)
  　麻色 20cm×30cm
  [その他]木綿布(裏布、当て布用)サーモンピンク
  20cm×30cm、直径13mmのボタン1個
- 作り方
案内線は横幅の中央に入れます。
[刺し方順序]
1. 上布端から5cm、左布端から3cm入った始位置からクロスターブロックと花柄のサテンステッチきします。(5番)
2. かがり部分の織り糸をカットして、かがり13きします。(8番)
3. 縁と持ち手のステッチをします。(5番)

[仕立て方]
アイロン仕上げをした表布に指定の縫い代をつけて裁断し、当て布を重ねます。次に、持ち手を作り、表布、裏布を各々両脇を縫い合わせ、まちを縫って袋を作ります。
表の内側の折り返し分を縁のステッチから裏に折り、持ち手をはさんで裏布をまつりつけ、ボタンをつけます。

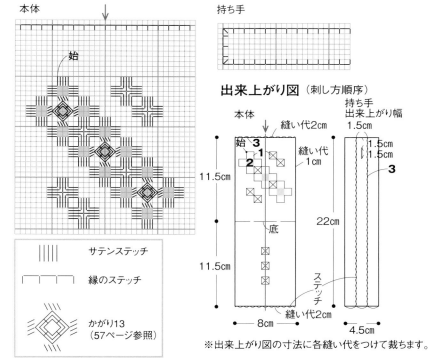

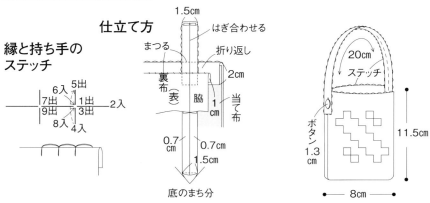

Hardanger Embroidery

7 テーブルセンター (小・大)
photo 10・11ページ

（小サイズ）
●出来上がり寸法　約30cm×38cm
●材料
[糸]DMC刺しゅう糸　8番
濃いベージュ(841)・淡いベージュ(842)・
白(BLANC) 各1玉
[布]麻コングレス(1cmに織り糸10本)
　　生成り40cm×48cm

（大サイズ）
●出来上がり寸法　約37cm×168cm
●材料
[糸]DMC刺しゅう糸
濃いベージュ(841)　5番-15束、8番-2玉
淡いベージュ(842)　5番-15束、8番-2玉
白(BLANC)　8番-1玉
[布]コングレス(1cmに織り糸8本)
　　ベージュ47cm×178cm
●作り方
案内線は布の中心から左右、上下に入れます。

[刺し方順序]
1. 中心から38本外側の始位置からすべてのクロスターブロックを刺します。(**小**8番-842／**大**5番-842)
2. モチーフのサテンステッチをします。(**小**8番-841／**大**5番-841)
3. 花柄のサテンステッチとアイレットワークbをします。(**小**8番-841／**大**5番-841)
4. 3の中のストレートステッチ、その周囲のケーブルステッチbをダブルでします。(BLANC)
5. **大**のみ、クロスターブロックの中のアイレットワークをします。(**大**8番-842)
＜かがり部分の織り糸をカットします＞
6. 外周のブランケットステッチをします。(**小**8番-842／**大**5番-842)
＜かがり部分の織り糸をカットします＞
7. モチーフの中に、**小**はウーブンピコット(8番-842)、**大**はマルティーズクロス(8番-841)をします。
8. ウーブンバーでかがります。(**小**8番-841／**大**8番-842)
＜周囲の布をカットして、アイロン仕上げをします＞

Hardanger Embroidery

小サイズ
出来上がり図（刺し方順序）

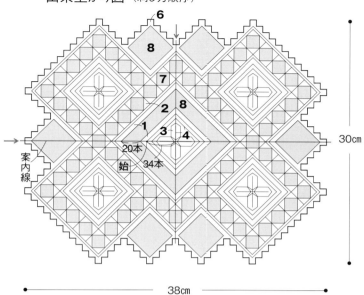

大サイズ
出来上がり図

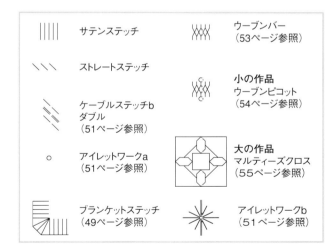

	サテンステッチ		ウーブンバー （53ページ参照）
	ストレートステッチ		**小の作品** ウーブンピコット （54ページ参照）
	ケーブルステッチb ダブル （51ページ参照）		**大の作品** マルティーズクロス （55ページ参照）
○	アイレットワークa （51ページ参照）		
	ブランケットステッチ （49ページ参照）		アイレットワークb （51ページ参照）

Hardanger Embroidery

8 テーブルセンター (小・大)
photo 12・13ページ

（小サイズ）
- 出来上がり寸法　約36cm×36cm
- 材料
  [糸] DMC刺しゅう糸
  　　白(BLANC)　5番-3束、8番-2玉
  [布] 麻コングレス(1cmに織り糸9本)
  　　白46cm×46cm

（大サイズ）
※大は小の柄を横に3列並べたものです。
- 出来上がり寸法　約44cm×95cm
- 材料
  [糸] DMC刺しゅう糸　生成り(ECRU)
  　　3番-15束、5番-10束、8番-1玉
  [布] 麻コングレス(1cmに織り糸8本)
  　　白54cm×105cm

● 作り方
案内線は布の中心から左右、上下に入れます。
[刺し方順序]

1. 中央の始位置から、モチーフのサテンステッチをします。(小5番／大3番)
2. クロスターブロックを刺します。(小5番／大3番)
3. 花柄のクロスターブロックを刺します。(小5番／大3番)
4. ケーブルステッチbをダブルでします。(小8番／大8番)
   ＜かがり部分の織り糸をカットします＞
5. モチーフの中に、マルティーズクロスをします。(小8番／大5番)
6. クロスターブロックの間に、マルティーズクロス8-dをします。(小8番／大5番)
7. 花柄のクロスターブロックの間に、ウーブンバー(小8番／大5番)とマルティーズクロス8-e(小8番／大5番)をします。
8. 外周の花柄のクロスターブロック寄りにウーブンバーをします。(小8番／大5番)
9. 一番外側のウーブンバーとブランケットステッチをします。(小8番／大5番)
10. 8と9の間にマルティーズクロス8-dをします。(小8番／大5番)
    ＜周囲の残った布をカットして、アイロン仕上げをします＞

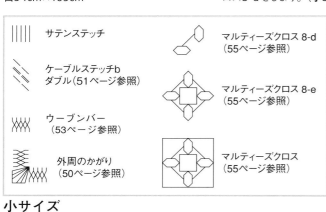

小サイズ
出来上がり図(刺し方順序)

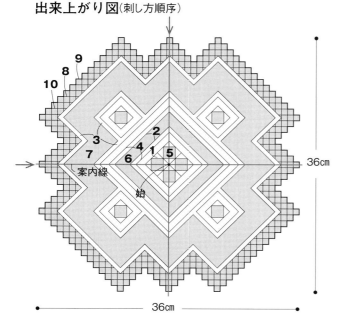

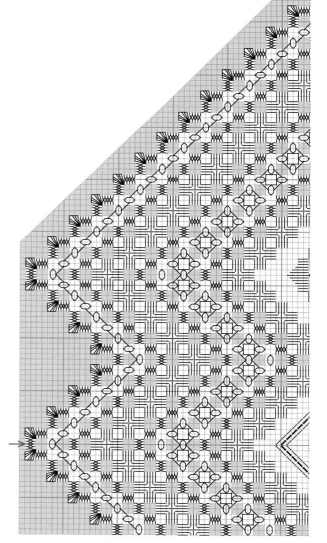

Hardanger Embroidery

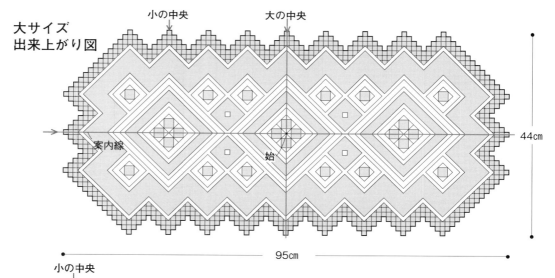

9 テーブルセンターとクロス
photo 14・15ページ

テーブルセンター（小）
- 出来上がり寸法　約80cm×80cm
- 材料
  [糸]DMC刺しゅう糸　8番 - 生成り(ECRU)5玉
  [布]コングレス(1cmに織り糸10本)
  　　薄茶 90cm×90cm
- 作り方

案内線は布の中心から左右、上下に入れます。
[刺し方順序]
1. 中心から外側に向かってすべてのクロスターブロックを刺します。
2. 刺しゅう部分のサテンステッチをします。
3. 外周のブランケットステッチをします。
<かがり部分の織り糸をカットします>
4. Aはウーブンバーでかがります。
5. Bはウーブンピコットでかがります。
<周囲の布をカットして、アイロン仕上げをします>

テーブルクロス（大）
- 出来上がり寸法　約136cm×136cm
- 材料
  [糸]DMC刺しゅう糸　8番 - 生成り(ECRU)7玉
  [布]コングレス(1cmに織り糸10本)
  　　薄茶 140cm×140cm
- 作り方

テーブルクロスはテーブルセンターの中央の刺しゅうとB柄の一部をたれの部分に配置しました。

｜｜｜｜｜	サテンステッチ	
✕✕✕	ウーブンバー（53ページ参照）	
✕✕✕	ウーブンピコット（54ページ参照）	
	ブランケットステッチ（49ページ参照）	

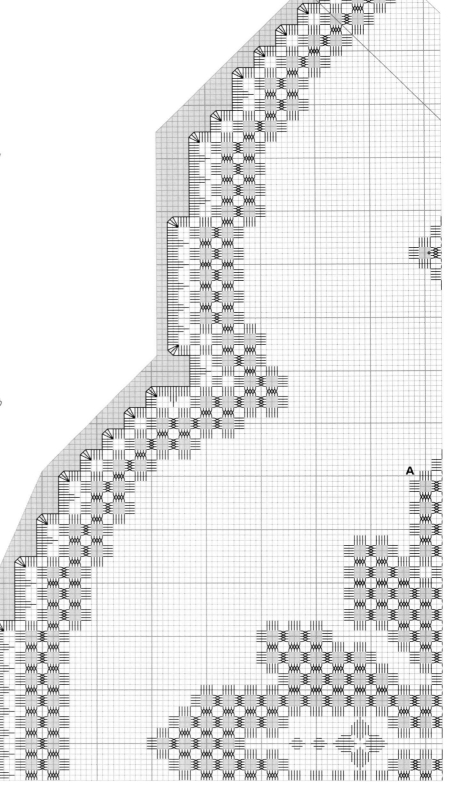

Hardanger Embroidery

10 バッグ&携帯ケース
photo 16ページ

バッグ
- 出来上がり寸法　32cm×38cm
- 材料
  [糸]DMC刺しゅう糸　生成り(ECRU)
  　5番-8束、8番-1玉
  [布]麻コングレス(1cmに織り糸8本)
  　麻色 140cm×50cm
  [その他]木綿布(裏布、当て布用)こげ茶90cm
  ×75cm、ウッドビーズ2個、木綿の細ひも
  1m(パイピング用)
- 作り方
  案内線は横幅の中央に入れます。
  [刺し方順序]
  1. 布端から4cm入った始位置からA柄のクロスターブロックを刺します。(5番)
  2. B柄のサテンステッチを刺します。(5番)
  3. ケーブルステッチbをダブルで刺します。(8番)
  4. 入れ口側のクロスターブロックと矢羽柄のサテンステッチをします。(5番)
  <かがり部分の織り糸をカットします>
  5. A柄に、ウーブンバーとループをします。(8番)
  6. B柄に、ウーブンバーとかがり10をします。(8番)
  7. 持ち手にクロスターブロックを刺します。(5番)

[仕立て方]
①アイロン仕上げをした表布・当て布・裏布に縫い代をつけて裁断します。
②持ち手を作ります。
③表布の裏面に当て布を出来上がり線より0.2cm内側に、しつけ糸でとめつけます。
④バイアステープを作り、芯ひもを入れてパイピング布を作ります。
⑤当て布をつけた表布2枚を中表に合わせ、④のパイピングをはさみ、脇と底を縫い合わせます。(ひも通し口は縫わない)
⑥裏布に内ポケットをつけ、脇と底を縫い合わせ、袋にします。
⑦表布の見返しを折り、持ち手をはさみ込み、裏布をまつりつけます。
⑧見返しのひも通し位置にミシンをかけます。
⑨刺しゅう糸(5番)2mを6本どりで出来上がり80cmの撚りひも(79ページ参照)を2本作り、ひも通し口の左右から通してウッドビーズをつけて端を結びます。

▶携帯ケースは69ページに続く

バッグ

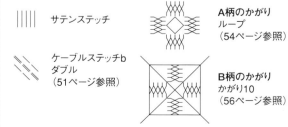

Hardanger Embroidery

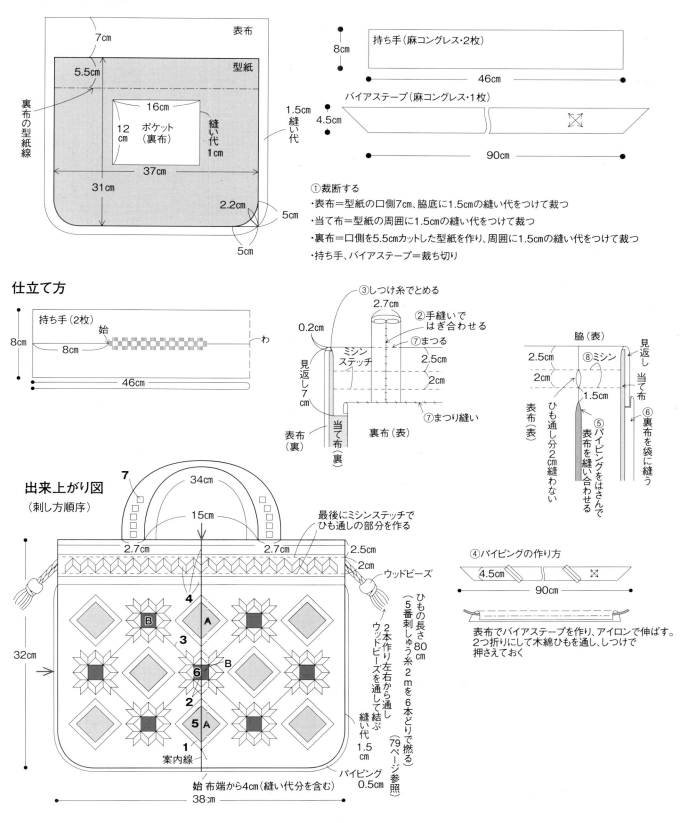

11 巾着とティッシュ入れ
photo 17ページ

●出来上がり寸法
巾着20cm×18cm、ティッシュ入れ9cm×12cm
●材料(巾着・ティッシュ入れ 1セット分)
[糸]DMC刺しゅう糸 8番
　　濃いピンク(223)・ピンク(224)
　　または紫(3041)・藤色(3042) 各1玉
[布]綿平織布(1cmに織り糸10本)
　　ピンクまたは紫
　　各50cm×40cm
[その他]接着芯14cm×26cm
●巾着の作り方
案内線は布幅の中央に入れます。
[刺し方順序]
1. 始位置の茎と葉のサテンステッチをし、続けてクロスターブロックを刺します。(224／3042)
2. 小花柄のサテンステッチ、クロスターブロックの中のクロスステッチをします。(223／3041)
3. 中央の花の部分をカットしてウーブンバーとループでかがります。(223／3041)
4. 後ろ側の刺しゅうをします。(花223／3041、葉224／3042)
5. 入れ口の折り山線の織り糸を1本抜き、バックステッチをします。(223／3041)

[仕立て方]
①出来上がり寸法に縫い代をつけて裁断し、裁ち目かがりをします。
②中表に合わせて両脇を縫い、底はまち分2cmを三角に縫います。
③折り返し分を裏に折ってミシンをかけ、ひも通しを作ります。
④刺しゅう糸250cm 4本で、約50cmの撚りひも(79ページ参照)を2本作り、ひも通し口から通して先を結び、糸端を切りそろえます。(223／3041)

▶ティッシュ入れは81ページに続く

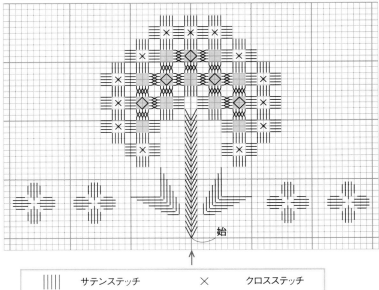
巾着前側

|||| サテンステッチ　　×　クロスステッチ
———　バックステッチ（65ページ参照）　　ループ（54ページ参照）

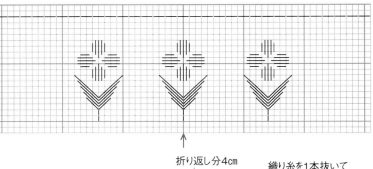
ティッシュ入れ、巾着後ろ側

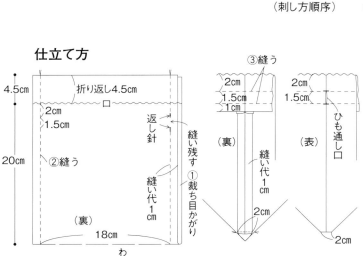
仕立て方

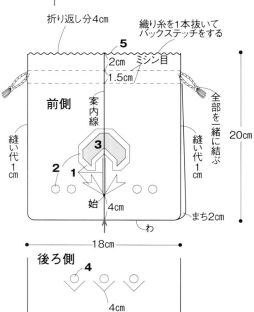
巾着 出来上がり図（刺し方順序）

12 ブックカバー
photo 18ページ

●出来上がり寸法
小16cm×11cm、大21cm×15cm

●材料
[糸] DMC刺しゅう糸　5番
　　小 - 濃いピンク(223)・ピンク(224) 各1束
　　大 - 濃い青(926)・青(927) 各1束
[布] 麻コングレス(1cmに織り糸8本) 麻色
　　小 -20cm×40cm、大 -25cm×50cm
[その他] 接着芯(裏地兼用)
　　　　小 -20cm×28cm、大 -23cm×36cm
　　　　幅0.6cmテープ　小 -19cm、大 -24cm

●作り方
布を小19cm×37cm、大24cm×48cmに裁断し、周囲に裁ち目かがりをし、案内線を布幅の中央と、左布端から小10.5cm、大13.5cmの位置に入れます。

[刺し方順序]
1. 始位置のサテンステッチ(小224／大927)と花柄・水玉のサテンステッチ(小223／大926)をします。
2. 織り糸をカットして中央にかがり9をします。ウーブンバー(小223／大926)、レゼーデージーステッチ(小224／大927)
3. 縁の刺しゅうをします。(小 - バックステッチ 223、バックチェーンステッチ 224／大 - ケーブルステッチa 927、シェブロンステッチ 926)
4. 背表紙の右下に小花と水玉を刺しゅうします。(小223／大926)

[仕立て方]
①アイロン仕上げをした、表布の裏の中央部分のみに接着芯を貼りつけます。
②上下の縫い代を裏に折り、表布の縫い代の上に接着芯を少し控えてまつります。そのときにテープをはさみ込みます。
③見返しの縫い代と接着芯を千鳥がけでとめます。
④しおり用のひもをつけます。刺しゅう糸(223、926) 小は60cm、大は65cm 2本どりで、つけ位置の布目を2、3本をすくって通し、撚りひもを作って先端に房(88ページ参照)をつけます。
⑤表紙をはさみ込む部分の上下をとじ合わせます。

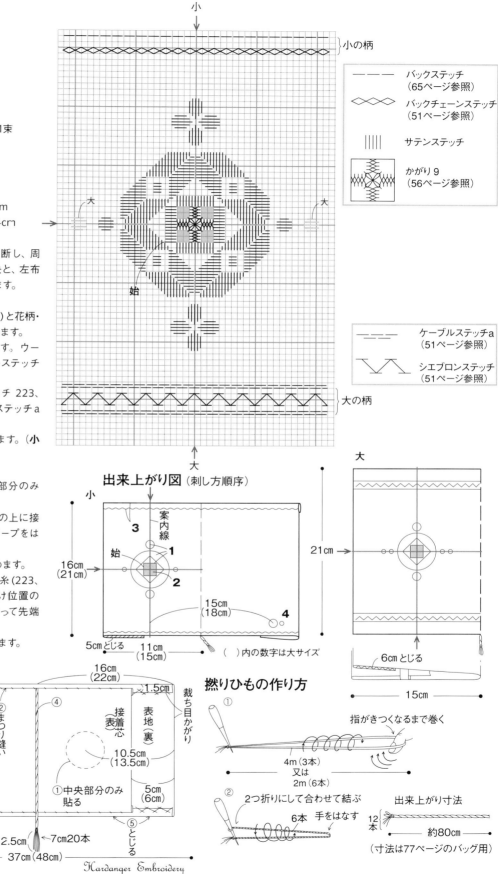

13 ソーイングポーチ
photo 19ページ

- ●出来上がり寸法　16cm×16cm（ポーチ）
- ●材料（ポーチ・シザーズキーパー 1セット分）
  [糸] DMC刺しゅう糸　25番
  オレンジ色(352)・淡いオレンジ(353) 各2束
  緑(3013)1束
  [布] コングレス(1cmに織り糸10本)
  　　ベージュ 30cm×35cm
  [その他] 木綿布(裏地用) ベージュ 35cm×45cm、接着芯 23cm×23cm、くるみボタン直径18mm1個、手芸綿少々

●ポーチの作り方
[刺し方順序]
1. 布の角から3cm入った始位置にバックステッチをします。54山を刺したところで角を曲がり、四方の寸法を決めます(353-3本どり)
2. 花柄のサテンステッチをします。(352-4本どり)
3. 外周のブランケットステッチをします。(3013-3本どり)
4. かがり部分の織り糸をカットしてマルティーズクロスとウーブンバーでかがります。(353-3本どり)
5. くるみボタン用の刺しゅうをし(3013-4本どり)、直径1.8mmのくるみぼたんを作ります。

[仕立て方]
① 表布の裏に出来上がり寸法に合わせて接着芯を貼り、表布の縫い代を千鳥がけでとめます。
② 裏布を表布にまつります。
③ ポケットを縫いつけます。
④ 4つに折りたたみ、2ケ所をとじ合わせます。(3013-4本どり)
⑤ ボタンかけのループを撚りひもで作ってつけ(3013-6本どり)、くるみボタンをつけます。

●シザーズキーパーの作り方
[刺し方順序]
2枚の布にサテンステッチ(352-4本どり)、ケーブルステッチbのシングル(353-3本どり)、外回りのバックステッチ(3013-3本どり)をします。

[仕立て方]
① 外回りのバックステッチをすくいながら、縫い代は内側に折り込んで、2枚の布をはぎ合わせ(3013-3本どり)、綿をつめます。
② はぎ合わせた糸の先に房を作ります。(3013-6)
③ 反対側の角に刺しゅう糸50cm6本どりを2本通し、撚りひもを作ります。(3013-6本どり)(79ページ参照)

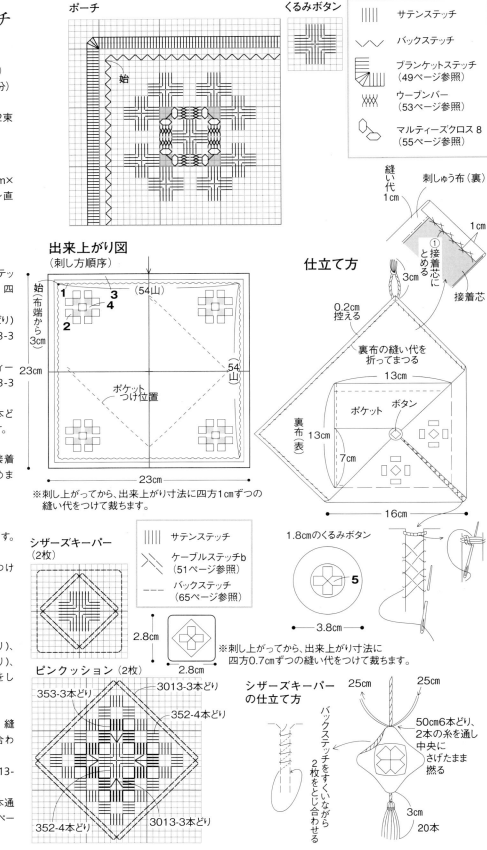

Hardanger Embroidery

25 額
photo 34ページ

- ●出来上がり寸法　15cm×15cm
- ●材料
  - [糸] DMC刺しゅう糸
  - 5番 - グリーン(909)・生成り(3033)各1束
  - 3番 - 赤(321)1束
  - 25番 - 金ラメ糸(E3852)1束
  - [布] コングレス(1cmに織り糸7本)
    - グリーン 15cm×15cm
  - [その他] 額縁(内径8cm四方)、赤い紙または布
- ●作り方
  案内線は布の中心から左右、上下に入れます。
  [刺し方順序]
  1. 中央の始位置から、サテンステッチをします。(3番-321、金ラメ糸3本どり)
  2. クロスターブロックを刺します。(5番-909)
  3. アイレットワークをします。(金ラメ糸3本どり、5番-3033)
  <アイロン仕上げをし、刺しゅう布の裏に赤い紙または布を当て、額に入れます>

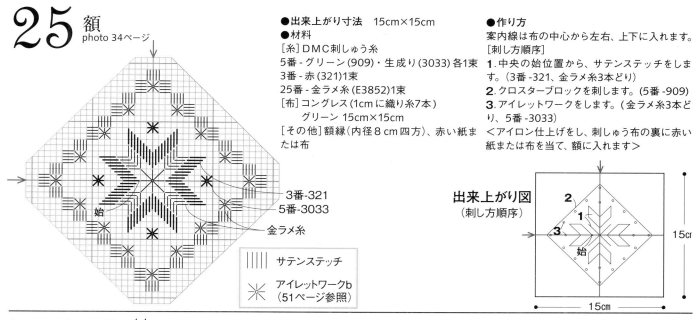

▶78ページからの続き 11

●ティッシュ入れの作り方
案内線は布幅の中央に入れます。
[刺し方順序]
1. 取り出し口の折り山線の織り糸を1本抜き、バックステッチをします。(223／3041)
2. 1から1cm離れたところに花(223／3041)、葉(224／3042)のサテンステッチをします。
[仕立て方]
表布の裏に接着芯を貼り、両脇に縫い代をつけて裁ち、周囲に裁ち目かがりをします。次に、裏を見ながら折りたたんで縫います。

▶102ページからの続き 30

●作り方
[cの刺し方順序]
1. 中心の始位置からすべての花柄のクロスターブロックを刺します。(5番)
<かがり部分の織り糸をカットします>
2. 中央のウーブンバーをしてからマルティーズクロス8-dをします。(8番)
3. ウーブンピコットを2列してから、その間にマルティーズクロス8-dをします。(8番)
4. 外周をウーブンバーとブランケットステッチでかがります。(8番)
<周囲の残った布をカットして、アイロン仕上げをします>

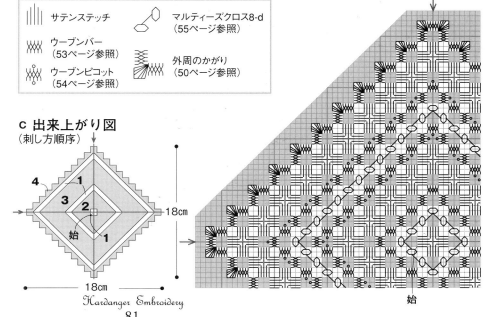

Hardanger Embroidery

14 テーブルセンター
photo 20ページ

- ●出来上がり寸法　約42cm×42cm
- ●材料
  - [糸]DMC刺しゅう糸
    - 生成り(ECRU) 8番 -2玉
    - 白(BLANC) 12番 -1玉
  - [布]麻コングレス(1cmに織り糸10本)
    - 生成り52cm×52cm
- ●作り方

案内線は布の中心から左右、上下に入れます。

[刺し方順序]
1. 中心から26本外側の始位置からクロスターブロックをすべて刺します。(8番)
2. アイレットワークaをします。(12番)
3. サテンステッチをします。(8番)
4. ケーブルステッチbをシングルでします。(8番)
   <かがり部分の織糸をカットします>
5. ウーブンバーとループでかがります。(12番)
6. 外周をウーブンバーとブランケットステッチでかがります。(8番)
   <周囲の残った布をカットして、アイロン仕上げをします>

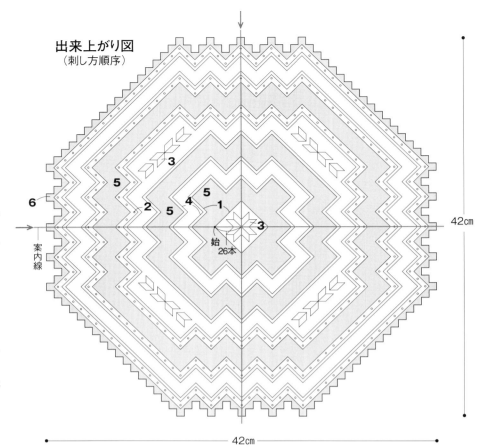

▶99ページからの続き 27

[四角の刺し方順序]
1. 中央のサテンステッチをします。(3番)
2. クロスターブロックを刺します。(3番)
3. ブランケットステッチをします。(5番)
4. クロスステッチ(金ラメ糸2本どり)とバックステッチ(金ラメ糸2本どり)とアイレットワークa(金ラメ糸2本どり、8番)をします。
5. クロスターブロックの中をカットします。
   <周囲の布をカットして、アイロン仕上げをします>

[ツリーの刺し方順序]
1. クロスターブロックを刺します。(3番)
2. ブランケットステッチをします。(5番)
3. アイレットワークaをします。(金ラメ糸2本どり)
4. かがり部分の織り糸をカットしてウーブンバー(5番)とマルティーズクロス8-c(8番)をします。
   <周囲の布をカットして、アイロン仕上げをします>

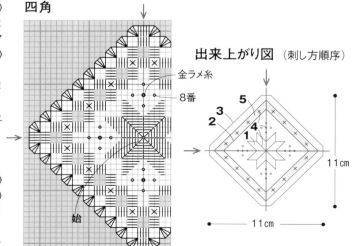

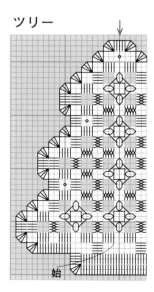

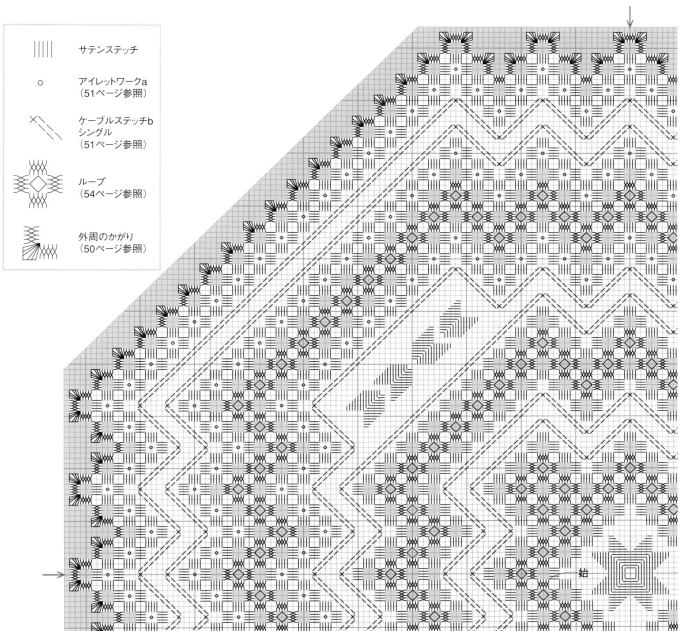
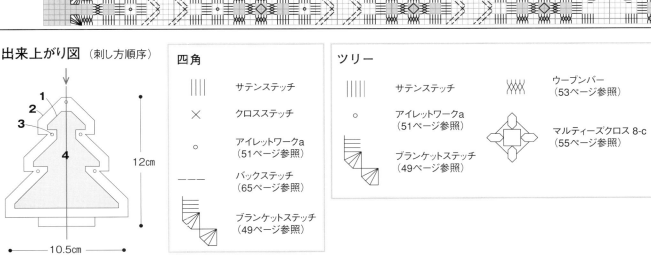

15 コースター
photo 21ページ

●出来上がり寸法
7cm×7cm（a〜fの作品すべて共通）
●材料
［糸］DMC刺しゅう糸
　　a・d-白（BLANC）／b・f-ブルー（3753）
　　／c・e-ピンク（225）
　　8番-1玉、12番-1玉
［布］DMCリネン（1cmに織り糸11本）
　　白（B5200）25cm×40cm…6枚分
　　（1枚分は12cm×12cm）
［その他］クリア6角形コースター6個
●作り方
案内線は布幅の中央に入れます。

[aの刺し方順序]
1. 中央の始位置から花柄のクロスターブロックを刺します。（8番）
2. 中心のアイレットワークaをします。（12番）
3. かがり部分の織り糸をカットしてマルティーズクロス8-dでかがります。（12番）

[bの刺し方順序]
1. 中央の始位置からクロスターブロックを刺します。（8番）
2. 中心のアイレットワークbをします。（12番）
3. クロスターブロックの外側にケーブルステッチbをシングルでします。（12番）
4. かがり部分の織り糸をカットしてかがり15でかがります。（12番）

[cの刺し方順序]
1. 始位置から花柄のクロスターブロックを刺します。（8番）
2. ケーブルステッチbをダブルで刺し、続けてレゼーデージーステッチをします。（12番）
3. 中央のかがり部分の織り糸をカットしてマルティーズクロスとロールバーをします。（12番）

[dの刺し方順序]
1. 中心から26本外側の始位置からクロスターブロックを刺します。（8番）
2. 中央の柄のサテンステッチと中心のクロスステッチをします。（8番）
3. かがり部分の織り糸をカットしてウーブンピコットでかがります。（12番）

[eの刺し方順序]
1. 中心から38本外側の始位置からクロスターブロックを刺します。（8番）
2. モチーフのサテンステッチをします。（8番）
3. アイレットワークaをします。（12番）
4. フォーサイドステッチbのシングルを、2回重ねてします。（12番）
5. 中央のかがり部分の織り糸をカットしてウーブンバーとかがり17をします。（12番）

[fの刺し方順序]
1. 中央から30本外側の始位置からクロスターブロックを刺します。（8番）
2. アイレットワークaをします。（12番）
3. サテンステッチをします。（8番）
4. フォーサイドステッチbのダブルを、2回重ねてします。（12番）

a
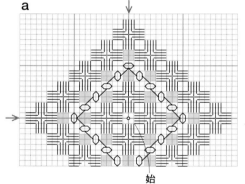

b
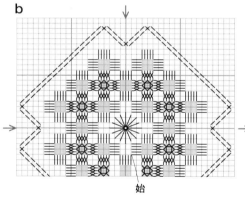

c
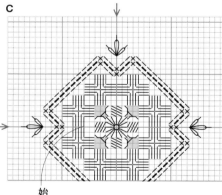

d
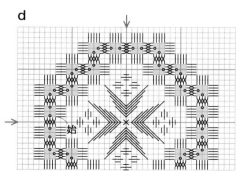

e

f
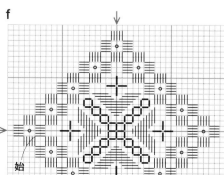

Hardanger Embroidery

出来上がり図（刺し方順序）

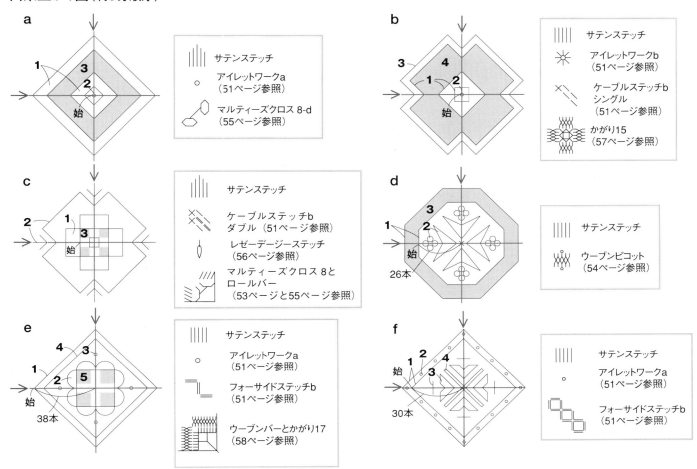

▶102ページからの続き 30

●作り方
[dの刺し方順序]
1. 中心から30本外側の始位置からすべてのクロスターブロックを刺します。(5番)
2. モチーフのサテンステッチをします。(5番)
＜かがり部分の織り糸をカットします＞
3. 中央にかがり15をします。(12番)
4. モチーフの中にかがり11をします。(8番)
5. 外周をウーブンバーとブランケットステッチでかがります。(8番)
6. 一番外側のクロスターブロックと5の間にかがり15をします。(12番)
＜周囲の残った布をカットして、アイロン仕上げをします＞

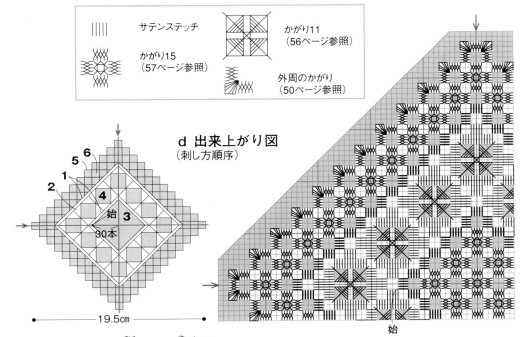

Hardanger Embroidery
85

16・17 ミニクッションとテーブルセンター
photo 22・23ページ

テーブルセンター
- ●出来上がり寸法　29cm×59cm
- ●材料
  - [糸]DMC刺しゅう糸　生成り(ECRU)
    5番-3束、8番-1玉
  - [布]コングレス(1cmに織り糸8本)
    淡いグリーン45cm×75cm
- ●作り方

案内線は布の中央から左右、上下に入れます。

[刺し方順序]

1. 中央のサテンステッチをします。(5番)
2. 中央のクロスターブロックを刺します。(5番)
3. バックステッチとケーブルステッチbをシングルでします。(8番)
4. 外周のクロスターブロックとモチーフおよび花柄を刺します。(5番)
   〈かがり部分の織り糸をカットします〉
5. クロスターブロックの中に、ツイストループをします。(8番)
6. モチーフの中にかがり10をします。(8番)

[仕立て方]
出来上がり寸法に5cmの縫い代をつけて、裁断します。周囲は2.5cm幅の三つ折りにし、角は額縁仕立て(87ページ参照)にしてまつり、アイロン仕上げをします。

ミニクッション
- ●出来上がり寸法　30cm×30cm
- ●材料(1個分)
  - [糸]DMC刺しゅう糸　生成り(ECRU)
    5番-2束、8番-1玉
  - [布]コングレス(1cmに織り糸8本)
    淡いグリーン35cm×70cm
  - [その他]木綿布(中袋用)うす茶35cm×70cm、25cm丈ファスナー1本
- ●作り方

テーブルセンターの中の1柄を刺しゅうします。裁断図と出来上がり図を参照して仕立てます。

ミニクッションの中央

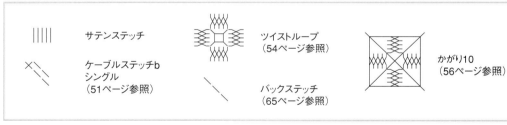

	サテンステッチ		ツイストループ(54ページ参照)		かがり10(56ページ参照)
	ケーブルステッチbシングル(51ページ参照)		バックステッチ(65ページ参照)		

テーブルセンター 出来上がり図
（刺し方順序）

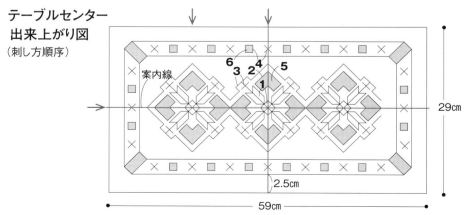

※刺し上がってから、出来上がり寸法に四方5cmずつの縫い代をつけて裁断します。

Hardanger Embroidery

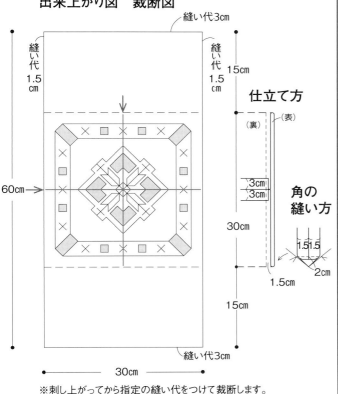

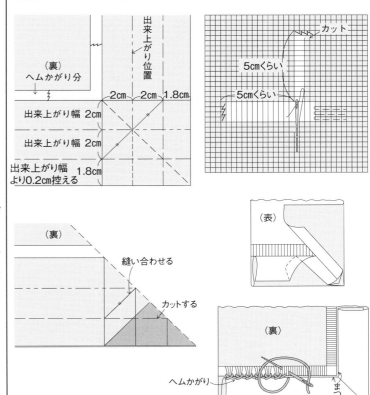

▶90ページからの続き **19**
- **出来上がり寸法** 約63cm×63cm
- **材料**
  [糸]DMC刺しゅう糸 白(BLANC)
  　　5番-10束、8番-2玉、12番-1玉
  [布]コングレス(1cmに織り糸8本)
  　　白 73cm×73cm
- **作り方**

案内線は布の中央から左右、上下に入れます。
[刺し方順序]
1. 中心から34本外側の始位置からすべてのクコスターブロックを刺します。(5番)
2. アイレットワークaをします。(12番)
3. モチーフのサテンステッチをします。(5番)
4. 花柄のクロスターブロックを刺します。(5番)
5. 矢羽柄のサテンステッチをします。(5番)
＜かがり部分の織り糸をカットします＞
6. モチーフの中に、かがり9と10の組み合わせをします。(8番)
7. 6の外側に、マルティーズクロス8-fをします。(8番)
8. 花柄のクロスターブロックの内側に、ウーブンピコットをします。(8番)
9. 外周の花柄のクロスターブロックから外側へ織り糸3本めを抜き、バックステッチをします。(5番)
＜9を折り山とし、外周の花柄のクロスターブロックの幅1.5cmで三つ折りにしてまつり、アイロン仕上げをします＞

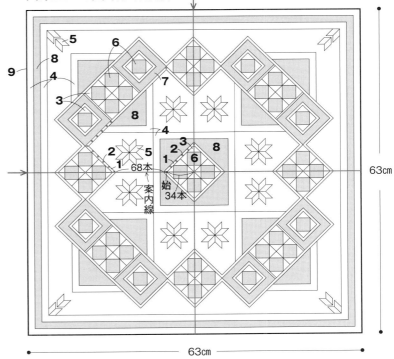

18 テーブルセンター
photo 24・25ページ

- 出来上がり寸法　約42cm×93cm
- 材料
  [糸] DMC刺しゅう糸
  ブルーグレー (927)　5番-11束、8番-1玉
  濃いブルーグレー (926)　5番-2束、8番-1玉
  淡いブルーグレー (928)　5番-1束
  [布] ネップ入りコングレス (1cmに織り糸7.5本)
  　　グレー 52cm×103cm
- 作り方
  案内線は布幅の中央に入れます。

[刺し方順序]
1. 左布端から8cm入った始位置からすべてのクロスターブロックを刺します。(5番-927)
2. 中央のモチーフのサテンステッチをします。(5番-927)
3. 小花柄のサテンステッチをします。(5番-926)
4. 外周のブランケットステッチをします。(5番-927)
5. ブロックの中のサテンステッチをします。(5番-926)
6. ケーブルステッチbをシングルでします。(5番-928)
   <かがり部分の織り糸をカットします>
7. ウーブンバーをします。(8番-926)
8. ウーブンバーとループをします。(8番-927)
9. 中央のモチーフの中にかがり9をします。(5番-927)
10. かがり16をします。ウーブンバー (8番-927)、上にのせるかがり (5番-927)。
    <周囲の布をカットして、アイロン仕上げをします>

出来上がり図（刺し方順序）

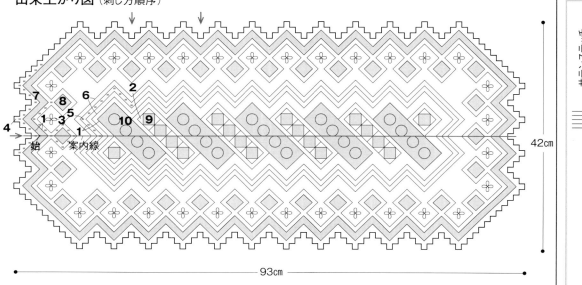
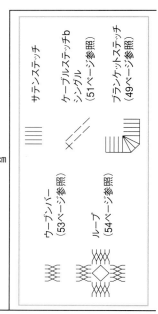

▶93ページからの続き 22

出来上がり図（刺し方順序）

左の作品　　　　　　　　右の作品

房の作り方

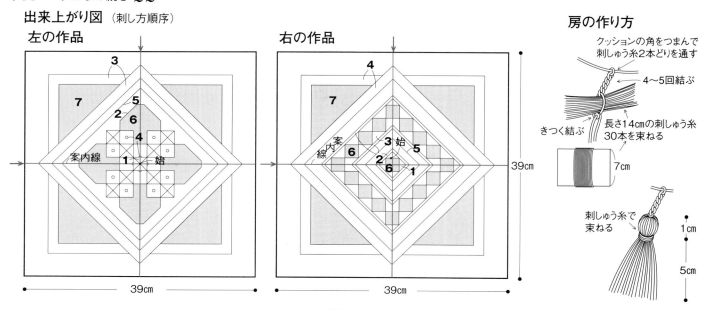

Hardanger Embroidery

19 テーブルセンター
photo 26・27ページ

▶作り方と出来上がり図
（刺し方順序）は87ページ

‖‖‖‖	サテンステッチ		ウーブンピコット（54ページ参照）
○	アイレットワークa（51ページ参照）		かがり9と10の組み合わせ（56ページ参照）
———	バックステッチ（65ページ参照）		マルティーズクロス8-f（55ページ参照）

Hardanger Embroidery

20 テーブルランナー
photo 28ページ

- ●出来上がり寸法 約25cm×136cm
- ●材料
[糸]DMC刺しゅう糸
5番 - 濃いベージュ(841)6束、淡いベージュ(842)4束、茶色(840)1束
8番 - 濃いベージュ(841)2玉
[布]コングレス(1cmに織り糸7本)
　　　ベージュ 35cm×146cm
- ●作り方
案内線は布幅の中央に入れます。
[刺し方順序]
1. 左布端から10cm入った始位置からすべてのクロスターブロックを刺します。(5番-842)
2. 矢羽柄のサテンステッチをします。(5番-841)
3. フォーサイドステッチbをします。(5番-840)
4. アイレットワークaをします。(8番-841)
5. 外周のブランケットステッチをします。(5番-841)
6. かがり部分の織り糸をカットしてウーブンバーとループを刺します。(8番-841)
<周囲の布をカットして、アイロン仕上げをします>

‖‖‖‖	サテンステッチ
○	アイレットワークa (51ページ参照)
□□	フォーサイドステッチb (51ページ参照)
◇	ループ (54ページ参照)
▨	ブランケットステッチ (49ページ参照)

出来上がり図（刺し方順序）

25cm / 136cm

21 テーブルセンター
photo 29ページ

B 21本　A 17本　始　織り糸4本残す　3本抜く

▶作り方と出来上がり図(刺し方順序)は95ページ

|||| サテンステッチ	✗✗✗ ウーブンバー(53ページ参照)	◇ ループ(95ページ刺し方参照)
▽ シェブロンステッチ(51ページ参照)	╱ 格子かがり(53ページ参照)	

C

Hardanger Embroidery

22 クッション
photo 30ページ

●出来上がり寸法
39cm×39cm（左、右の作品とも共通）
●材料（左、右の作品とも共通各1点分）
［糸］DMC刺しゅう糸　生成り（ECRU）
　　　3番-3束、5番-1束、8番-1玉
［布］麻コングレス（1cmに織り糸8本）
　　　麻色　45cm×90cm
［その他］木綿布（中袋用）からし色またはこげ茶　45cm×90cm、ヌードクッション40cm角 1個、34cm丈ファスナー1本
●作り方
案内線は布幅の中央と下布端から35cmのところに入れます。

［左の作品の刺し方順序］
1. 中央のサテンステッチをします。（3番）
2. クロスターブロックを刺します。（5番）
3. 花柄のクロスターブロックを刺します。（3番）
4. アイレットワークbをします。（5番）
5. ケーブルステッチbをダブルで刺します。（8番）
＜かがり部分の織り糸をカットします＞
6. 2の中に、ウーブンピコットをします。（8番）
7. 角の4ヶ所に、ウーブンバーをします。（8番）

［右の作品の刺し方順序］
1. 中央のモチーフのサテンステッチをします。（3番）
2. クロスターブロックを刺します。（5番）
3. モチーフのサテンステッチを刺します。（3番）
4. 花柄のサテンステッチをします。（3番）
5. ケーブルステッチbをダブルで刺します。（8番）
＜かがり部分の織り糸をカットします＞
6. モチーフの中に、マルティーズクロスをします。（8番）
7. 角の4ヶ所に、ウーブンバーをします。（8番）

［仕立て方］（左、右の作品とも共通）
①アイロン仕上げをしてから、縫い代分をつけて裁断します。（裁断図参照）
②ファスナーをつけて中表にし、両脇を縫ってクッションに仕立てます。
③木綿の布で40cm角の袋を作り、ヌードクッションを入れます。
④③を②に入れ、四方の角に房（88ページ参照）をつけます。

▶出来上がり図（刺し方順序）は88ページ、裁断図・仕立て方は94ページ

左の作品

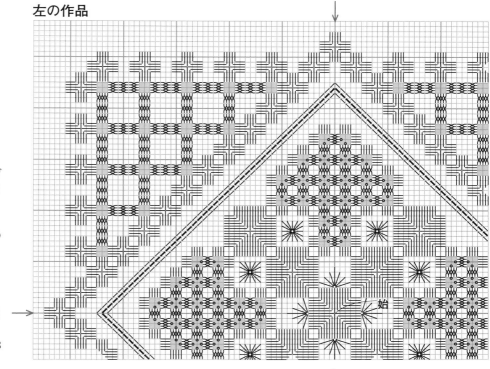

右の作品

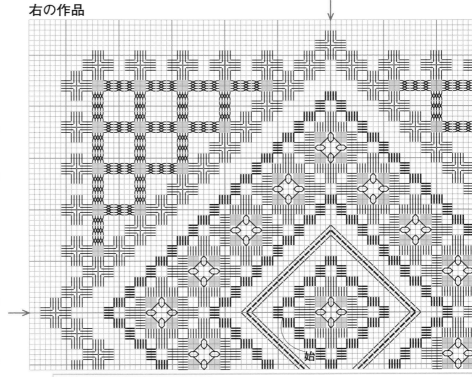

左、右の作品共通	左の作品	右の作品
‖‖‖ サテンステッチ	アイレットワークb（51ページ参照）	マルティーズクロス（55ページ参照）
╱╱ ケーブルステッチb ダブル（51ページ参照）	ウーブンピコット（54ページ参照）	
☒☒ ウーブンバー（53ページ参照）		

Hardanger Embroidery

23 テーブルセンター
photo 31ページ

- 出来上がり寸法　約42cm×57cm
- 材料
[糸]DMC刺しゅう糸
5番 - サーモンピンク(950)5束、
ピンクベージュ(758)4束
8番 - サーモンピンク(950)2玉
[布]ネップ入りコングレス
　　　(1cmに織り糸7.5本)
　　　ピンクベージュ 52cm×67cm
- 作り方
案内線は布の中央から左右、上下に入れます。
[刺し方順序]
1. 左布端から8cm入った始位置からすべてのクロスターブロックを刺します。(5番-950)
2. サテンステッチをします。(5番-950)
3. 2の間に花柄のサテンステッチをします。(758)
4. ケーブルステッチbをダブルでします。(8番-950)
5. 外周のクロスターブロックの中にクロスステッチをします。(758)
6. 外周の変形ブランケットステッチをします。(758)
<かがり部分の織り糸をカットします>
7. ウーブンバーをします。(8番-950)
8. マルティーズクロス8-dをします。(8番-950)
9. ウーブンバーとマルティーズクロス8-cをします。
<周囲の残った布をカットして、アイロン仕上げをします>

▶93ページからの続き 22

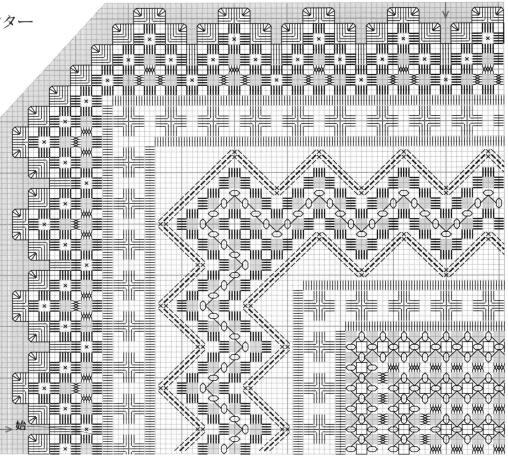

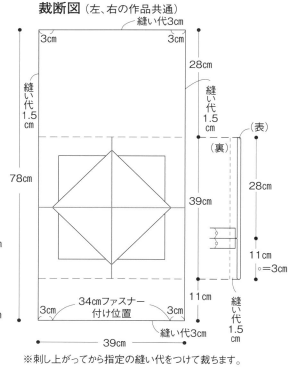

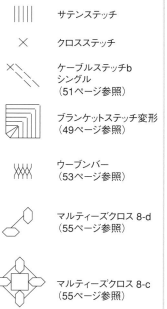

凡例:
- サテンステッチ
- × クロスステッチ
- ケーブルステッチb シングル (51ページ参照)
- ブランケットステッチ変形 (49ページ参照)
- ウーブンバー (53ページ参照)
- マルティーズクロス 8-d (55ページ参照)
- マルティーズクロス 8-c (55ページ参照)

仕立て方 (左、右の作品共通)

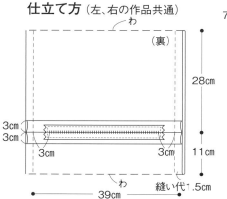

Hardanger Embroidery

出来上がり図（刺し方順序）

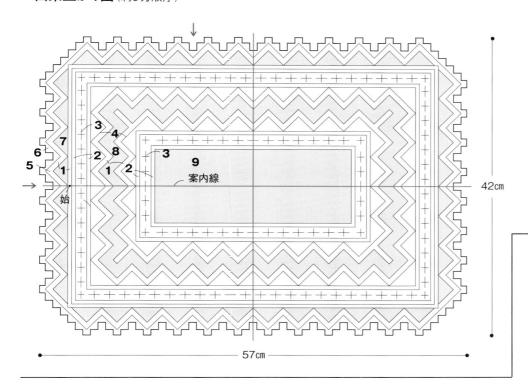

ループの刺し方順序

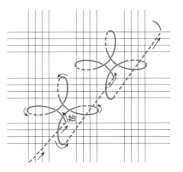

▶92ページからの続き **21**

- ●出来上がり寸法　57cm×57cm
- ●材料
  - [糸] DMC刺しゅう糸
    - 8番 - 灰茶(644)2玉
    - 25番 - 白(BLANC)2束
  - [布] 麻コングレス(1cmに織り糸10本)
    - 生成り73cm×73cm
- ●作り方

案内線は布の中央から左右、上下に入れます。

[刺し方順序]

1. 中心から75本外側の始位置からA・B・C各柄のサテンステッチをします。(8番)
2. A・B・C各柄のシェブロンステッチをします。(8番)
3. AとBの間にサテンステッチをします。(8番)
4. クロスターブロックを刺します。クロスターブロックの中の織り糸をカットし、ウーブンバーをします。(8番)
5. Aの内側とB・Cの間の織り糸を格子状にカットし(4本おきに3本カット)、格子かがりをします。(25番)
6. 5で抜いた抜き糸でループをかがります。(右上の刺し方順序参照)

[仕立て方]
出来上がり寸法に6cmの縫い代をつけて、裁断します。周囲は3cm幅の三つ折りにし、角は額縁仕立て(87ページ参照)にしてまつり、アイロン仕上げをします。

※刺し上がってから、出来上がり寸法に四方6cmずつの縫い代をつけて裁断します。

24 テーブルクロス
photo 32・33ページ

- ●出来上がり寸法　約72cm×136cm
- ●材料
  [糸]DMC刺しゅう糸
  5番-濃いベージュ(841)4束、淡いベージュ(842)30束
  8番-濃いベージュ(841)1玉、淡いベージュ(842)3玉
  [布]コングレス(1cmに織り糸8本)
  　　ベージュ 82cm×146cm
- ●作り方
  案内線は布の中心から左右、上下に入れます。

[刺し方順序]
1. 中央の始位置のモチーフのサテンステッチをします。(5番-841)
2. クロスターブロックを刺します。(5番-842)
3. ケーブルステッチbをダブルでします。(5番-842)
4. 外周のブランケットステッチをします。(5番-842)
5. アイレットワークaをします。(8番-841)
6. 矢羽柄のサテンステッチをします。(5番-842)
7. フォーサイドステッチbをします。(8番-842)
   <かがり部分の織り糸をカットします>
8. モチーフの中にかがり10をします。(8番-842)
9. ウーブンバーでかがります。(5番-842)
   <周囲の布をカットして、アイロン仕上げをします>

出来上がり図（刺し方順序）

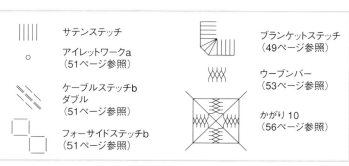

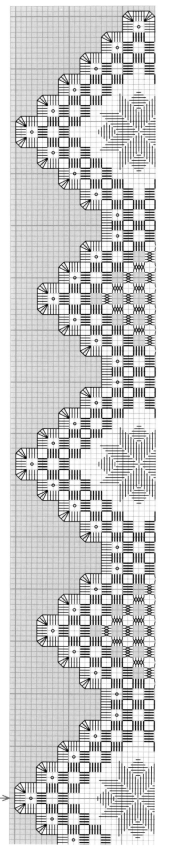

‖‖‖	サテンステッチ
○	アイレットワークa（51ページ参照）
／／／	ケーブルステッチbダブル（51ページ参照）
□□	フォーサイドステッチb（51ページ参照）
▨	ブランケットステッチ（49ページ参照）
⋙	ウーブンバー（53ページ参照）
◇	かがり10（56ページ参照）

Hardanger Embroidery

始(中央のモチーフ)

26 ドイリー&テーブルランナー
photo 35ページ

テーブルランナー
出来上がり図（刺し方順序）

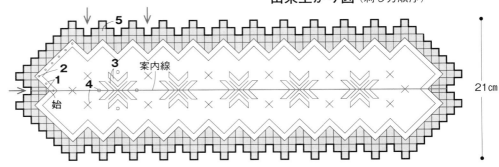

テーブルランナー
●出来上がり寸法　約21cm×66cm
●材料
[糸] DMC刺しゅう糸
5番 - ダークグリーン(319)4束、
生成り(3033)1束
3番 - 赤(321)1束
8番 - 赤(321)1玉
25番 - 金ラメ糸(E3852)1束
[布] コングレス(1cmに織り糸7本)
　　　グリーン 31cm×76cm
●作り方
案内線は布幅の中央に入れます。
[刺し方順序]
1. 左布端から9cm入った始位置から
クロスターブロックを刺します。(5番
-319)
2. クロスターブロックの中のアイレット
ワークaをします。(8番-321)
3. 中央のサテンステッチをします。(3番
-321、金ラメ糸3本どり)
4. アイレットワークbの変形をします。
(5番-3033、金ラメ糸3本どり)
5. クロスターブロックの外側の織り糸を
カットし、ウーブンバーとブランケットス
テッチでかがります。(5番-319)
<周囲の残った布をカットして、アイロ
ン仕上げをします>
▶ドイリーは59ページ

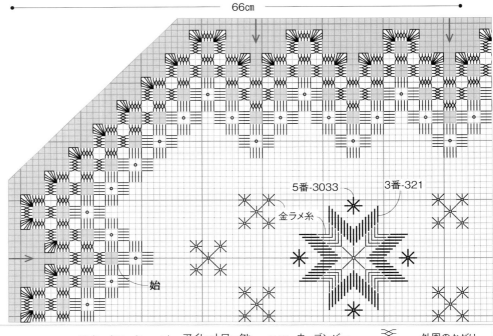

27 オーナメント
photo 36ページ

●出来上がり寸法　約10cm×約10cm
●材料(4枚分)
[糸] DMC刺しゅう糸
白(BLANC)　5番-1束、3番-2束、8番-1玉
金ラメ糸(E3852)　25番-1束
[布] 麻コングレス(1cmに織り糸8本)
　　　白 60cm×15cm
●作り方
案内線は布幅の中央に入れます。
[ハートの刺し方順序]
1. クロスターブロックを刺します。(3番)

2. ブランケットステッチをします。(5番)
3. クロスステッチをします。(金ラメ糸2本どり)
4. かがり部分の織り糸をカットしてウーブンバー(5番)
をしたあとに、ループ(金ラメ糸1本)をします。
<周囲の布をカットして、アイロン仕上げをします>
[ベルの刺し方順序]
1. クロスターブロックを刺します。(3番)
2. ブランケットステッチをします。(5番)
3. クロスステッチとアイレットワークaをします。(金ラ
メ糸2本どり)
4. かがり部分の織り糸をカットしてループ(5番)をした
あと、ノットクロス(金ラメ糸1本)をします。
<周囲の布をカットして、アイロン仕上げをします>

ハート

||||| サテンステッチ
XXXX ウーブンバー (53ページ参照)
× クロスステッチ
▨ ブランケットステッチ (49ページ参照)
◇ ループ (54ページ参照)

Hardanger Embroidery

28 壁掛け
photo 36ページ

- ●出来上がり寸法　約13cm×21cm
- ●材料
  [糸]DMC刺しゅう糸
  白(BLANC)　5番-1束、3番-1束、8番-1玉
  金ラメ糸(282)1巻
  [布]麻コングレス(1cmに織り糸8本)
  　　白 20cm×30cm
  [その他]星型スパンコール(大)1個・(小)4個、ベル1個、6mm幅リボン15cm、木の枝1本
- ●作り方
  案内線は布幅の中央に入れます。
  [刺し方順序]
  1. 上部布端から10cm入った始位置からクロスターブロックを刺します。(3番)
  2. 星型のサテンステッチをし(3番)、その間にバックステッチをします。(金ラメ糸1本)
  3. クロスターブロックの中にアイレットワークaをします。(8番)
  4. ケーブルステッチbをシングルで刺します。(金ラメ糸2本どり)
  5. かがり部分の織り糸をカットし、ウーブンバー(8番)をしたあとに金ラメ糸1本でループを入れます。
  6. 外回りに直線のバックステッチを2本並べて刺し(3番)、その間に山型のバックステッチ(金ラメ糸2本どり)をします。
  7. スパンコールをとめつけます。(金ラメ糸1本)
  [仕立て方]
  ① 外周のバックステッチから1cmの縫い代をつけて裁断し、裁ち目かがりをします。
  ② 外側のバックステッチを折り山線として縫い代を折り、まつります。
  ③ 棒通しの部分は2cm幅の三つ折りにして、まつります。
  ④ 刺しゅう糸(5番)4本と金ラメ糸2本(各1.2m)で24cmの撚りひも(79ページ参照)を作ります。
  ⑤ ③の中に枝を通し、枝に④のひもをつけ、下の角にリボンとベルをとめつけます。

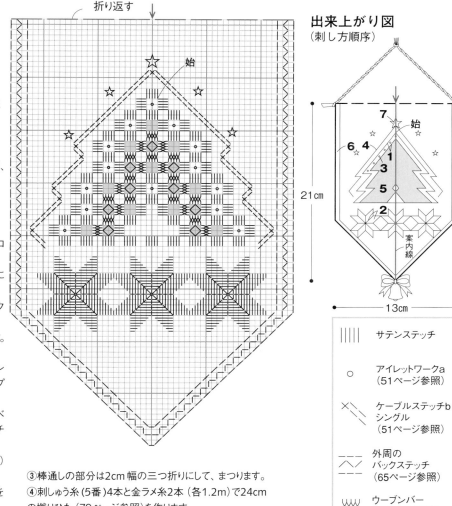

▶四角・ツリーは82ページ

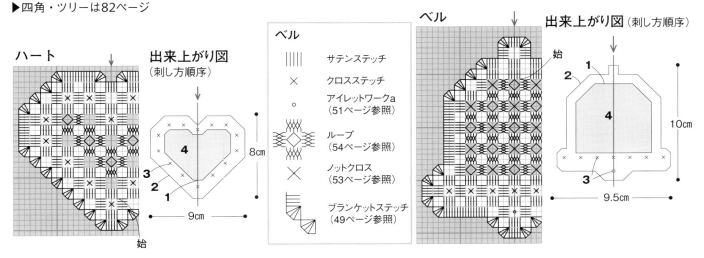

29 テーブルセンター
photo 37ページ

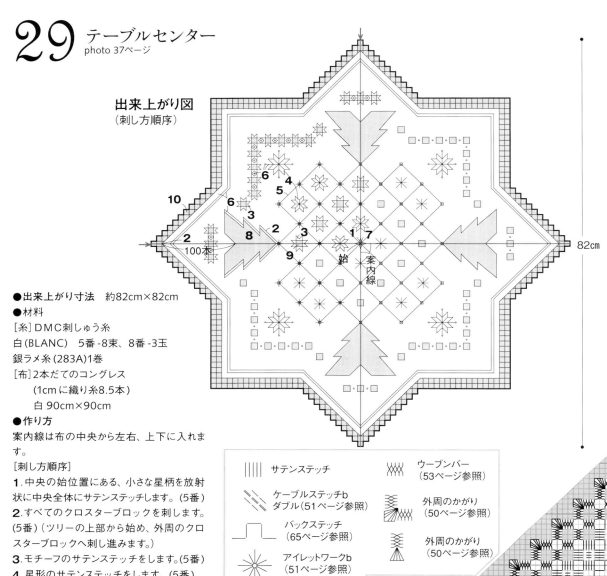

出来上がり図
（刺し方順序）

82cm

- ●出来上がり寸法　約82cm×82cm
- ●材料
 [糸] DMC刺しゅう糸
 白(BLANC) 5番-8束、8番-3玉
 銀ラメ糸(283A)1巻
 [布] 2本だてのコングレス
 （1cmに織り糸8.5本）
 白 90cm×90cm
- ●作り方
案内線は布の中央から左右、上下に入れます。

[刺し方順序]
1. 中央の始位置にある、小さな星柄を放射状に中央全体にサテンステッチします。（5番）
2. すべてのクロスターブロックを刺します。(5番)（ツリーの上部から始め、外周のクロスターブロックへ刺し進みます。）
3. モチーフのサテンステッチをします。(5番)
4. 星形のサテンステッチをします。(5番)
5. ケーブルステッチbをダブルでします。(8番)
6. クロスターブロックの中のサテンステッチ、外周の内側の山型のバックステッチ、星形サテンステッチの中のバックステッチとアイレットワークbをします。（銀ラメ糸）
＜かがり部分の織り糸をカットします＞
7. 小さな星形の中に、ツイストループを入れます。（銀ラメ糸）
8. ツリーの中をウーブンバーでかがります。(8番)
9. モチーフの中にかがり10をします(8番、銀ラメ糸)
10. 外周をウーブンバーとブランケットステッチでかがります。(8番)
＜周囲の残った布をカットして、アイロン仕上げをします＞

サテンステッチ	ウーブンバー（53ページ参照）
ケーブルステッチb ダブル（51ページ参照）	外周のかがり（50ページ参照）
バックステッチ（65ページ参照）	外周のかがり（50ページ参照）
アイレットワークb（51ページ参照）	
かがり 10（56ページ参照）	
ツイストループ（54ページ参照）	

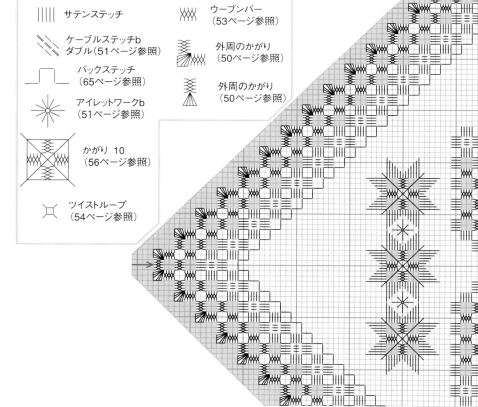

Hardanger Embroidery

30 ドイリー
photo 38・39ページ

●出来上がり寸法
a 約22.5cm×22.5cm
b・c 約18cm×18cm
d 約19.5cm×19.5cm
●材料(4枚分)
[糸]DMC刺しゅう糸　白(BLANC)
　　5番-2束、8番-1玉、12番-1玉
[布]麻コングレス(1cmに織り糸9本)
　　白 65cm×65cm
●作り方
案内線は布の中心から左右、上下に入れます。
[aの刺し方順序]
1. 中心から38本外側の始位置からすべてのクロスターブロックを刺します。(5番)
2. アイレットワークaをします。(12番)
＜かがり部分の織り糸をカットします＞
3. 中央のマルティーズクロス8-fとかがり13をします。(8番)
4. マルティーズクロス8-eをします(8番)
5. ウーブンバーをします。(8番)
6. 外周をウーブンバーとブランケットステッチでかがります。(8番)
7. 5と6の間にマルティーズクロス8-fをします。(12番)
＜周囲の残った布をカットして、アイロン仕上げをします＞

[bの刺し方順序]
1. すべての花柄のクロスターブロックを刺します。(5番)
2. 中央のモチーフのサテンステッチをします。(5番)
3. 中央のアイレットワークb、モチーフの中にストレートステッチをします。(8番)
4. モチーフの周囲にケーブルステッチbをシングルでします。(8番)
5. 外周にブランケットステッチをします。(8番)
6. かがり部分の織り糸をカットして、マルティーズクロス8-fをします。(12番)
＜周囲の布をカットして、アイロン仕上げをします＞

▶cは81ページ、dは85ページに続く

‖‖‖	サテンステッチ
○	アイレットワークa（51ページ参照）
※	ウーブンバー（53ページ参照）
◇	マルティーズクロス 8-e（55ページ参照）
◇	マルティーズクロス 8-fとかがり13（105ページの「かがりBの刺し方順序」参照）
※	外回りのかがり（50ページ参照）
◇	マルティーズクロス 8-f（55ページ参照）

‖‖‖	サテンステッチ
✻	アイレットワークb（51ページ参照）
＼＼＼	ストレートステッチ
×	ケーブルステッチb シングル（51ページ参照）
▨	ブランケットステッチ（49ページ参照）
◇	マルティーズクロス 8-f（55ページ参照）

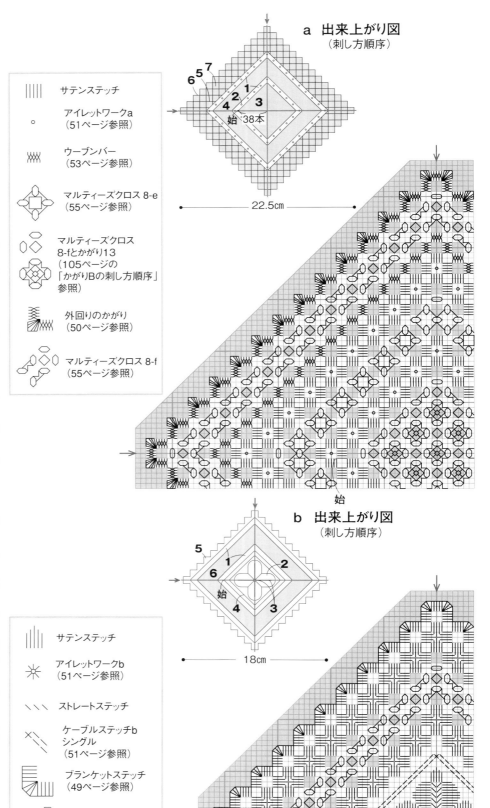

a 出来上がり図（刺し方順序）　22.5cm

b 出来上がり図（刺し方順序）　18cm

Hardanger Embroidery

32 テーブルランナー
photo 42・43ページ

- ●出来上がり寸法　約20cm×100cm
- ●材料
  [糸] DMC刺しゅう糸　生成り(ECRU)
   5番-3束、8番-2玉
  [布] 麻コングレス(1cmに織り糸8本)
   白30cm×110cm
- ●作り方

案内線は布幅の中央に入れます。
[刺し順序]

1. 左布端から8cm入った始位置からすべてのクロスターブロックを刺します。(5番)
2. 花柄のサテンステッチをします。(5番)
3. ケーブルステッチbをシングルでします。(8番)
   <かがり部分の織り糸をカットします>
4. マルティーズクロス8-dをします。(8番)
5. マルティーズクロス8-aをします。(8番)
6. 外周のクロスターブロック寄りにウーブンバーをします。(8番)
7. 一番外側をウーブンバーとブランケットステッチでかがります。(8番)
8. 6と7の間にマルティーズクロス8-dとロールバーをします。(8番)
   <周囲の残った布をカットして、アイロン仕上げをします>

|||||	サテンステッチ
	ケーブルステッチb シングル(51ページ参照)
	ウーブンバー(53ページ参照)
	マルティーズクロス 8-d(55ページ参照)
	マルティーズクロス 8-a(55ページ参照)
	外周のかがり(50ページ参照)
	マルティーズクロス 8-dとロールバー(55ページと53ページ参照)

出来上がり図(刺し方順序)

Hardanger Embroidery

31 テーブルセンター
photo 40・41ページ

- ●出来上がり寸法　約48cm×103cm
- ●材料
  [糸] DMC刺しゅう糸　白(BLANC)
  　　　5番-15束、8番-2玉
  [布] 麻コングレス(1cmに織り糸9本)
  　　　白 58cm×113cm
- ●作り方
案内線は布の中心から左右、上下に入れます。
[刺し方順序]
1. 中央付近の始位置からA柄のクロスターブロックを刺します。(5番)
2. A柄のアイレットワークaをします。(8番)
3. B柄のサテンステッチをします。(5番)
4. ケーブルステッチbをダブルでします。(8番)
5. 周囲のフォーサイドステッチaをします。(8番)
6. 5の間にケーブルステッチbをシングルでします。(8番)
7. アイレットワークbをします。(5番)
8. 5の外側にクロスターブロックを刺します。(5番)
9. 矢羽柄とその周囲のサテンステッチをします。(5番)
10. 8のクロスターブロックの中のアイレットワークaをします。(8番)
11. 外周のブランケットステッチをします。(8番)
<かがり部分の織り糸をカットします>
12. A柄に、ウーブンピコットとマルティーズクロス8-dをします。(8番)
13. B柄の中央に、マルティーズクロスをします。(8番)
<周囲の布をカットして、アイロン仕上げをします>

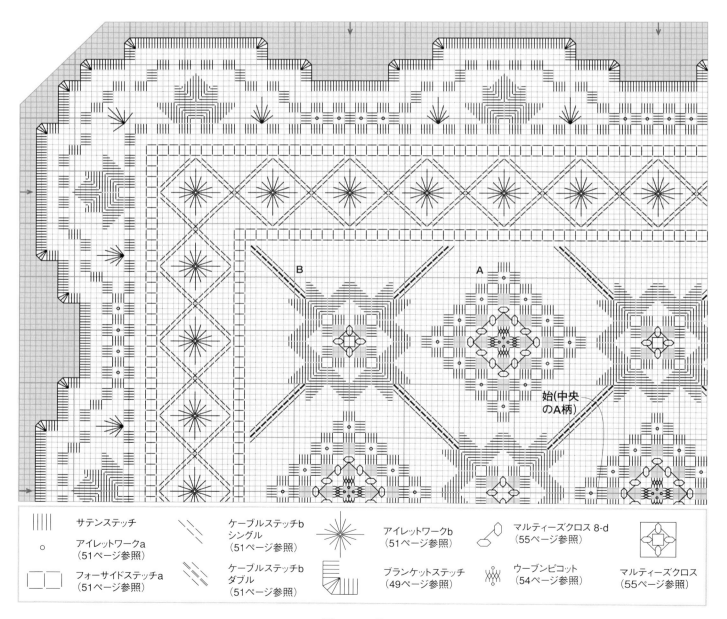

‖‖‖ サテンステッチ	╱╱ ケーブルステッチb シングル (51ページ参照)	✳ アイレットワークb (51ページ参照)	マルティーズクロス 8-d (55ページ参照)	マルティーズクロス (55ページ参照)
○ アイレットワークa (51ページ参照)	╱╱╱ ケーブルステッチb ダブル (51ページ参照)	ブランケットステッチ (49ページ参照)	ウーブンピコット (54ページ参照)	
□□ フォーサイドステッチa (51ページ参照)				

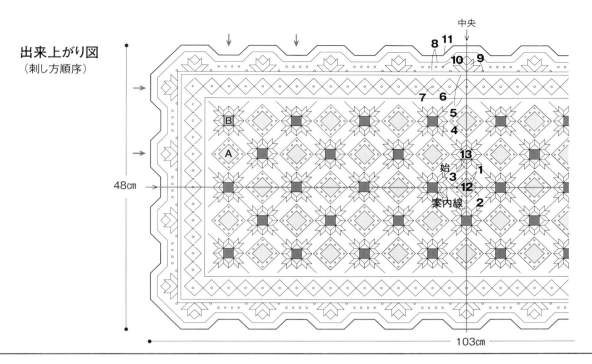

出来上がり図 （刺し方順序）

▶106ページからの続き 33

かがりBの刺し方順序

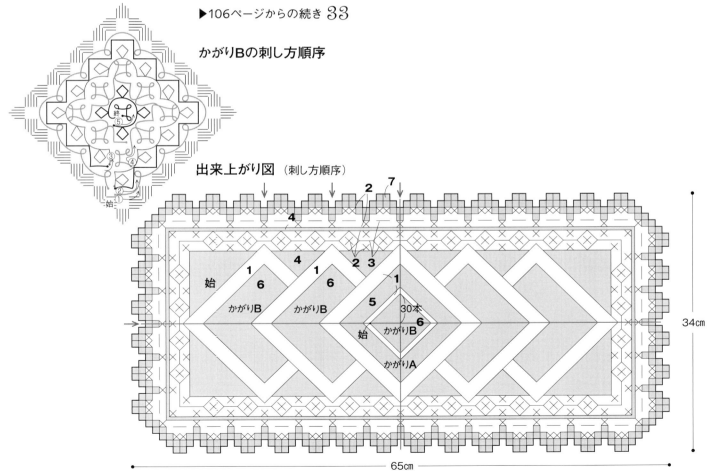

出来上がり図 （刺し方順序）

Hardanger Embroidery

33 テーブルセンター
photo 44・45ページ

- 出来上がり寸法　約34cm×65cm
- 材料
  [糸] DMC刺しゅう糸　白(BLANC)
  　5番-4束、8番-2玉、12番-1玉
  [布] 麻コングレス(1cmに織り糸9本)
  　白44cm×75cm
- 作り方
案内線は布の中心から左右、上下に入れます。
[刺し方順序]

1. 中央から30本外側の始位置から花柄のクロスターブロックを刺します。(5番)
2. 中央柄外周の、クロスターブロックと花柄のサテンステッチをします。(5番)
3. ストレートステッチと、ケーブルステッチbをシングルでします。(8番)
   <かがり部分の織り糸をカットします>
4. 2の間の直線のクロスターブロックの部分と、中央柄の三角部分に、ウーブンピコットをします。(8番)
5. かがりAはマルティーズクロス8-fをします。(12番)
6. かがりBはマルティーズクロス8-fとかがり13をします。(12番)
7. 外周を、ウーブンバーとブランケットステッチでかがります。(8番)
   <周囲の残った布をカットして、アイロン仕上げをします>

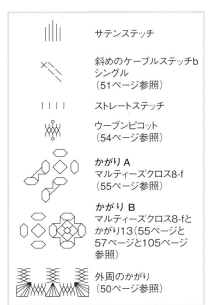

サテンステッチ

斜めのケーブルステッチb
シングル
(51ページ参照)

ストレートステッチ

ウーブンピコット
(54ページ参照)

かがりA
マルティーズクロス8-f
(55ページ参照)

かがりB
マルティーズクロス8-fと
かがり13(55ページと
57ページと105ページ
参照)

外周のかがり
(50ページ参照)

▶出来上がり図(刺し方順序)は105ページ

Hardanger Embroidery
106